essentials

Essentials liefern aktuelles Wissen in konzentrierter Form. Die Essenz dessen, worauf es als „State-of-the-Art" in der gegenwärtigen Fachdiskussion oder in der Praxis ankommt. *Essentials* informieren schnell, unkompliziert und verständlich

- als Einführung in ein aktuelles Thema aus Ihrem Fachgebiet
- als Einstieg in ein für Sie noch unbekanntes Themenfeld
- als Einblick, um zum Thema mitreden zu können

Die Bücher in elektronischer und gedruckter Form bringen das Fachwissen von Springerautor*innen kompakt zur Darstellung. Sie sind besonders für die Nutzung als eBook auf Tablet-PCs, eBook-Readern und Smartphones geeignet. *Essentials* sind Wissensbausteine aus den Wirtschafts-, Sozial- und Geisteswissenschaften, aus Technik und Naturwissenschaften sowie aus Medizin, Psychologie und Gesundheitsberufen. Von renommierten Autor*innen aller Springer-Verlagsmarken.

Constantin Frank-Fahle · Marcel Trost

Markteinsteig in Saudi-Arabien

Investment Guide Emerging Markets

Constantin Frank-Fahle
emltc
Dubai/Abu Dhabi, United Arab Emirates

Marcel Trost
emltc
Dubai/Abu Dhabi, United Arab Emirates

ISSN 2197-6708　　　　　　　ISSN 2197-6716　(electronic)
essentials
ISBN 978-3-658-47807-0　　　ISBN 978-3-658-47808-7　(eBook)
https://doi.org/10.1007/978-3-658-47808-7

Die Deutsche Nationalbibliothek verzeichnet diese Publikation in der Deutschen Nationalbibliografie; detaillierte bibliografische Daten sind im Internet über https://portal.dnb.de abrufbar.

© Der/die Herausgeber bzw. der/die Autor(en), exklusiv lizenziert an Springer Fachmedien Wiesbaden GmbH, ein Teil von Springer Nature 2025

Das Werk einschließlich aller seiner Teile ist urheberrechtlich geschützt. Jede Verwertung, die nicht ausdrücklich vom Urheberrechtsgesetz zugelassen ist, bedarf der vorherigen Zustimmung des Verlags. Das gilt insbesondere für Vervielfältigungen, Bearbeitungen, Übersetzungen, Mikroverfilmungen und die Einspeicherung und Verarbeitung in elektronischen Systemen.
Die Wiedergabe von allgemein beschreibenden Bezeichnungen, Marken, Unternehmensnamen etc. in diesem Werk bedeutet nicht, dass diese frei durch jede Person benutzt werden dürfen. Die Berechtigung zur Benutzung unterliegt, auch ohne gesonderten Hinweis hierzu, den Regeln des Markenrechts. Die Rechte des/der jeweiligen Zeicheninhaber*in sind zu beachten.
Der Verlag, die Autor*innen und die Herausgeber*innen gehen davon aus, dass die Angaben und Informationen in diesem Werk zum Zeitpunkt der Veröffentlichung vollständig und korrekt sind. Weder der Verlag noch die Autor*innen oder die Herausgeber*innen übernehmen, ausdrücklich oder implizit, Gewähr für den Inhalt des Werkes, etwaige Fehler oder Äußerungen. Der Verlag bleibt im Hinblick auf geografische Zuordnungen und Gebietsbezeichnungen in veröffentlichten Karten und Institutionsadressen neutral.

Springer Gabler ist ein Imprint der eingetragenen Gesellschaft Springer Fachmedien Wiesbaden GmbH und ist ein Teil von Springer Nature.
Die Anschrift der Gesellschaft ist: Abraham-Lincoln-Str. 46, 65189 Wiesbaden, Germany

Wenn Sie dieses Produkt entsorgen, geben Sie das Papier bitte zum Recycling.

Was Sie in diesem *essential* finden können

- Einführung in die investitionsrechtlichen Kernüberlegungen in Bezug auf das Königreich Saudi-Arabien
- Einführung in die Kernbereiche des saudischen Gesellschafts-, Steuer- und Arbeitsrechts

Vorwort

Saudi-Arabien ist aufgrund seiner umfassenden natürlichen Ressourcen, insbesondere Erdöl- und Erdgasvorkommen, ein wohlhabendes Land. Das Bruttoinlandsprodukt hat sich allein seit dem Jahr 1980 mehr als versechsfacht. Das Land hat mit Verkündung der sog. Vision 2030 im Jahr 2016 einen umfassenden wirtschaftlichen und gesellschaftlichen Transformationsprozess angestoßen. Als Teil der Vision 2030 soll das Königreich bis 2030 die bislang bestehende wirtschaftliche Abhängigkeit von der Rohstoffgewinnung durch eine nachhaltige Diversifizierung der Wirtschaft deutlich verringern. Der saudische Privatsektor soll gestärkt werden, die Attraktivität des Landes für ausländische Investitionen gesteigert und verbesserte Beschäftigungsmöglichkeiten für saudische Staatsangehörige geschaffen werden. Öffentliche Dienstleistungen sollen reformiert und modernisiert werden und das Land von digitaler Transformation profitieren.

Seit Verkündung der Vision 2030 sind mittlerweile fast neun Jahre vergangen und die Vielfältigkeit der Reformen, das Ausmaß der gesellschaftlichen Öffnung, der nachhaltige Gestaltungswille und die Zukunftsgewandtheit der Entscheidungsträger, die die dauerhafte Wohlstandssicherung im Blick haben, sind beeindruckend.

Ausländischen Investoren bietet das Land nicht zuletzt wegen der Vision 2030 interessante Geschäftsmöglichkeiten. Doch wie gelingt der optimale Markteinstieg in eines der wachstumsstärksten Länder des Nahen Ostens? Das vorliegende essential soll einen prägnanten Überblick über das aktuelle Geschäftsklima und Investitionsumfeld in Saudi-Arabien geben. Dabei wird ein besonderer Fokus auf praktisch relevante wirtschafts-, steuer- und arbeitsrechtliche Fragen gelegt. Das

Buch richtet sich an Investoren, Unternehmer und Unternehmen (C-Suite, Rechts- und Steuerabteilungen).

In Anbetracht der rasanten Transformation Saudi-Arabiens und der umfassenden Reformvorhaben kann dieses Buch nur eine Momentaufnahme sein. Wir hoffen gleichwohl, interessierten Investoren und Entscheidungsträgern sowie bereits vor Ort tätigen Unternehmen mit dem Werk eine praxisnahe Hilfestellung für geschäftliche Vorhaben in Saudi-Arabien an die Hand zu geben.

Wir wünschen Ihnen viel Freude bei der Lektüre und sind dankbar für Anregungen, Kritik sowie Ergänzungsvorschläge.

Dubai/Abu Dhabi
Februar 2025

Dr. Constantin Frank-Fahle, LL.M.
Rechtsanwalt und Gründungspartner
emltc (Emerging Markets – Legal.
Tax. Compliance.)

Marcel Trost
Rechtsanwalt und Gründungspartner
emltc (Emerging Markets – Legal.
Tax. Compliance.)

Inhaltsverzeichnis

1	**Einführung**		1
	1.1 Allgemeine Informationen		1
		1.1.1 Geschichte und politisches System	1
		1.1.2 Geografische Lage und Anbindung	2
		1.1.3 Sprache	2
		1.1.4 Währung und Gewinnrepatriierung	2
		1.1.5 Demografische Besonderheiten	3
		1.1.6 Lebenshaltungskosten und Sicherheit	3
	1.2 Wirtschaftliche Entwicklung		3
		1.2.1 Transformation der Wirtschaft (Vision 2030)	4
		1.2.2 Inflation	5
		1.2.3 Beziehung zur Bundesrepublik Deutschland	5
		1.2.4 Internationale Verträge und Mitgliedschaften Saudi-Arabiens	5
	1.3 Rechts- und Gerichtssystem		5
		1.3.1 Rechtssystem	5
		1.3.2 Gerichtssystem	6
		1.3.3 Streitentscheidung	7
2	**Investitionsrechtliche Rahmenbedingungen**		11
	2.1 Foreign Investment Law		11
		2.1.1 Foreign Investment Law 2000	11
		2.1.2 Neues Investment Law	12
	2.2 Sonderwirtschaftszonen (Special Economic Zones)		14

         2.2.1   King Abdullah Economic City Special Economic
                  Zone (KAEC) 14
         2.2.2   Ras Al-Khair Special Economic Zone (RAK) 15
         2.2.3   Jazan Special Economic Zone (JSEZ) 15
         2.2.4   Cloud Computing Special Economic Zone 15
         2.2.5   Riyadh Integrated Special Logistics Zone (RISLZ) 16
  2.3   Handelsvertreterrecht 16
  2.4   Gesellschaftsrechtliche Rahmenbedingungen 18
         2.4.1   Ausländische Unternehmen 19
         2.4.2   Limited Liability Company (LLC) 21
         2.4.3   Weitere Gesellschaftsformen 25
         2.4.4   Regional Headquarter-Programm 26
  2.5   Freihandelsabkommen 28
  2.6   Investitionsschutzabkommen 28

3 **Steuerliche Rahmenbedingungen** 31
  3.1   Überblick direkte und indirekte Steuern 31
  3.2   Besteuerung von Individuen 32
         3.2.1   Einkommensteuer, Social Security Tax, Erbschaft- und
                  Vermögensteuer 32
         3.2.2   Mitarbeiterentsendungen 32
  3.3   Körperschaftsteuer 33
         3.3.1   Persönlicher Anwendungsbereich 33
         3.3.2   Regelsteuersatz und Besonderheiten 34
         3.3.3   Steuererklärung, Steuervorauszahlungen und Strafen 34
         3.3.4   Verrechnungspreisrichtlinien 35
         3.3.5   Quellensteuer 35
         3.3.6   Betriebsstätten 36
  3.4   Umsatzsteuer 36
         3.4.1   Regelsteuersatz und Besonderheiten 37
         3.4.2   Umsatzsteuerregistrierung und Zahlung 37
         3.4.3   E-Invoicing 38
  3.5   Verbrauchsteuer 38
  3.6   Zoll 39
  3.7   Regional Headquarter-Programm 40
  3.8   Spezielle Vorschriften für Sonderwirtschaftszonen 41
  3.9   Doppelbesteuerungsabkommen 41

4 Arbeitsrechtliche Rahmenbedingungen ... 43
4.1 Allgemeines ... 43
4.2 Vision 2030 und Arbeitsrecht ... 43
4.3 Rechtliche Rahmenbedingungen ... 44
4.4 Aufenthalts- und Arbeitsgenehmigungen ... 44
4.4.1 Aufenthalt zu touristischen Zwecken und kurzzeitige Aufenthalte ... 44
4.4.2 Dauerhafter Aufenthalt zu Beschäftigungszwecken ... 45
4.5 Rekrutierung ... 45
4.6 Begründung des Arbeitsverhältnisses ... 46
4.6.1 Individualvertragliche Regelungen ... 46
4.6.2 Arbeitszeitmodelle ... 47
4.6.3 Befristung von Arbeitsverhältnissen ... 47
4.6.4 Probezeit ... 48
4.7 Rechte und Pflichten im Arbeitsverhältnis ... 48
4.7.1 Rechte des Arbeitnehmers ... 48
4.7.2 Leistungen bei Krankheit oder Arbeitsunfällen ... 50
4.7.3 Antidiskriminierung am Arbeitsplatz ... 50
4.7.4 Mutterschutz ... 51
4.7.5 Schutz von Menschen mit Behinderung ... 51
4.7.6 Mindestalter und Schutz von jungen Arbeitnehmern ... 52
4.7.7 Besonderheiten für ausländische Mitarbeiter ... 52
4.7.8 Saudisierung (Sog. Nitaqat-Programm) ... 53
4.7.9 Sozialversicherungsrechtliche Aspekte ... 54
4.8 Beendigung des Arbeitsverhältnisses ... 54
4.8.1 Grundlagen ... 55
4.8.2 Ansprüche bei Beendigung des Arbeitsverhältnisses ... 56
4.9 Sonderwirtschaftszonen ... 57

5 Fazit und Ausblick ... 59

Was Sie aus diesem *essential* mitnehmen können ... 61

Einführung 1

1.1 Allgemeine Informationen

1.1.1 Geschichte und politisches System

Saudi-Arabien ging aus dem Stamm der Saud hervor. Nach Stammeskämpfen wurden 1932 die Stammesgebiete zum Königreich Saudi-Arabien vereinigt. Saudi-Arabien verfügt über eine der größten nachgewiesenen Rohölreserven der Welt. Der Handel mit Erdöl brachte dem Land seit dem ersten Ölfund 1938 zunehmenden Wohlstand. Saudi-Arabien konnte sich zur stärksten Volkswirtschaft des Nahen Ostens entwickeln und zählt heute zu den reichsten Ländern der Welt. Im Jahr 2020 verfügte das Land über 17 % der weltweit nachgewiesenen Ölreserven. Die Ölförderung ist bis heute wichtiger Wirtschaftssektor. In 2023 wurden in Saudi-Arabien pro Tag 9,6 Mio. Barrel Rohöl produziert (OPEC). Das Land verfügt über weitere natürliche Ressourcen (bspw. Gas, Eisenerz, Gold, Kupfer).

Saudi-Arabien ist ein auf dem Islam basierendes Königreich, das sich als islamischer, nicht-säkularer Staat versteht, dessen Recht, Gesellschaft und Politik auf Stammestraditionen, Religion und der Scharia basieren. Staatsoberhaupt und Oberbefehlshaber des Militärs ist König Salman bin Abdulaziz Al Saud. Seit dem 21.06.2017 ist Mohammed bin Salman bin Abdulaziz Al Saud Kronprinz und übt zudem inzwischen das Amt des Premierministers aus. Der König regiert mithilfe des Ministerrates (Kabinett). Es gibt kein gewähltes Parlament, aber eine beratende Versammlung (Majlis Al-Shura), die den König berät und u. a. neue Gesetze vorschlägt. Der König ernennt die Mitglieder für eine vierjährige, verlängerbare Amtszeit.

1.1.2 Geografische Lage und Anbindung

Saudi-Arabien ist das größte Land der Arabischen Halbinsel und gilt mit einer Fläche von mehr als 2,1 Mio. km² als das 13. größte Land der Welt, das fünftgrößte Land Asiens und das größte Land im Nahen Osten. Nachbarländer sind im Norden Jordanien, Irak, Kuwait, im Osten Katar, die Vereinigten Arabischen Emirate (VAE), und im Süden Oman und Jemen. Bahrain ist über Brücken verbunden.

Riad ist Hauptstadt sowie politisches und finanzielles Zentrum, in dem geschätzt fast jeder fünfte Einwohner lebt (ca. 7,6 Mio. Einwohner). Weitere große Städte sind Jeddah (ca. 4,9 Mio. Einwohner), Medina (ca. 1,6 Mio. Einwohner), Mekka (ca. 2,1 Mio. Einwohner) und Dammam (ca. 1,3 Mio. Einwohner). Jeddah und Dammam sind Geschäftszentren. Mekka und Medina sind als Standorte der beiden heiligen Moscheen von zentraler religiöser Bedeutung.

Saudi-Arabien ist in 13 Provinzen unterteilt und verfügt über eine ca. 2640 km lange Küstenlinie am Roten Meer und am Arabischen Golf mit 10 Seehäfen. Saudi-Arabien betreibt derzeit 29 Verkehrsflughäfen, davon 13 internationale Flughäfen. Es existieren diverse Fluggesellschaften (bspw. Saudia, Flynas, Flyadeal). Neom Airlines und Riyadh Air sollen in Kürze ihren Betrieb aufnehmen.

1.1.3 Sprache

Amtssprache ist Arabisch. Der Schriftverkehr mit staatlichen Stellen erfolgt grundsätzlich in Arabisch. Dokumente müssen also regelmäßig zunächst durch einen offiziellen Übersetzer ins Arabische übersetzt werden.

Im (Geschäfts-)Alltag ist meist eine Kommunikation in englischer Sprache möglich, insbesondere in größeren Städten. Viele Straßenschilder sind in arabischer Sprache verfasst. Die Beschilderung auf Autobahnen und in Großstädten ist meist zweisprachig (Arabisch – Englisch).

1.1.4 Währung und Gewinnrepatriierung

Der Saudi-Riyal (ISO-Code: SAR) ist offizielle Landeswährung. Ein Saudi-Riyal ist in 100 Halalas unterteilt. Die saudische Zentralbank kontrolliert die Währung und gibt die Noten aus. Nach aktuellem Wechselkurs entspricht 1 SAR ca. 0,25 EUR. Der SAR ist fest an den US-Dollar (USD) gekoppelt (1 USD

= 3,75 SAR). Beschränkungen hinsichtlich der Rückführung von Gewinnen bestehen grundsätzlich nicht.

1.1.5 Demografische Besonderheiten

Saudi-Arabien hatte nach einem im Jahr 2022 durchgeführten Zensus zum Stichtag ca. 32 Mio. Einwohner. Das Durchschnittsalter lag bei 29 Jahren. 63 % der Bevölkerung sind jünger als 30 Jahre. Gastarbeiter sind für die saudische Wirtschaft wichtig. 2022 waren 41,6 % der Bevölkerung ausländischer Herkunft, wobei viele Migranten aus Asien – u. a. aus Bangladesch (ca. 2,1 Mio.), Indien (ca. 1,9 Mio.) und Pakistan (ca. 1,8 Mio.) – stammen (Zensus 2022).

1.1.6 Lebenshaltungskosten und Sicherheit

Da u. a. aufgrund des Bevölkerungswachstums viele Lebensmittel importiert werden müssen, können Lebensmittelkosten je nach Produkt und Herkunft im Vergleich zu Europa höher ausfallen. Lokale Produkte sind teilweise (signifikant) günstiger. Mobilitätskosten sind deutlich günstiger als in Europa, insbesondere die Benzinpreise und der öffentliche Nahverkehr. Gleiches gilt für Energie- und Betriebskosten (etwa Strompreise).

Wohnkosten können je nach Objekt und Standort höher ausfallen als in Europa. Bei Expatriates beliebte Compounds (abgetrennte Wohnsiedlungen) stechen kostenmäßig hervor.

Die von Expatriates besuchten Privatschulen sind kostenpflichtig. Teils decken Gehaltspakte, insbesondere bei Entsendungen, volle oder teilweise Gebührenerstattung.

Saudi-Arabien ist ein sicherer Wohnort mit niedriger Kriminalitätsrate und vergleichsweise strengen Strafvorschriften. In 2023 erreichte das Land im weltweiten Safety Index den 12. Platz.

1.2 Wirtschaftliche Entwicklung

Saudi-Arabien ist unter den Mitgliedstaaten des Golfkooperationsrates (GCC-Länder) die größte Volkswirtschaft. 2022 betrug das Bruttoinlandsprodukt (BIP) 1061 Mrd. USD (IMF, World Economic Outlook). Es wuchs gegenüber 2021 um 8,7 % (Ministry of Economy & Planning, Annual Report on the State of the Saudi Economy, 2022). Das Wachstum war getrieben durch eine Zunahme von Ölaktivitäten, Nicht-Öl-Aktivitäten und staatlichen Aktivitäten (Saudi General Authority for Statistics). Im Jahr 2023 sank das reale BIP um 0,8 % gegenüber dem Vorjahr. Dies war Folge des Rückgangs der Ölaktivitäten um ca. 9 %. Nicht-Öl-Aktivitäten und staatliche Aktivitäten wuchsen um ca. 4 % bzw. ca. 2 % (Saudi General Authority for Statistics). Der Öl- und Gassektor hat in 2023 ca. 25 % der ökonomischen Aktivitäten repräsentiert (Saudi General Authority for Statistics).

Ausländische Direktinvestitionen haben sich seit Beschluss der Vision 2030 im Jahr 2016 fast verdoppelt bis zum Jahr 2023 (FDI Stock 2016: 496 Mrd. SAR; FDI Stock 2023: 808 Mrd. SAR; Ministry of Investment – MISA).

1.2.1 Transformation der Wirtschaft (Vision 2030)

Die Wirtschaft ist bis heute abhängig von Einnahmen aus dem Öl- und Gassektor. Die in 2016 verkündete Vision 2030 ist ein ambitionierter Plan zur wirtschaftlichen und gesellschaftlichen Transformation. Sie sieht vor, Saudi-Arabien in ein globales Wirtschaftszentrum zu entwickeln. Zur Steigerung der Attraktivität für ausländische Investoren wurden Sonderwirtschaftszonen eingerichtet, das Regional Headquarter-Programm eingeführt und umfassende rechtliche Reformvorhaben verabschiedet, um die Zugangshürden zum saudischen Markt zu verringern und den sog. Ease of Doing Business zu verbessern. Vielversprechende Fertigungsindustrien sollen ebenso lokalisiert werden wie Nicht-Öl-Sektoren. Sog. Logistik-Hubs sollen geschaffen und ihre Leistung verbessert werden. Saudische Unternehmen sollen dabei unterstützt werden, sich in regional und global wichtige Unternehmen zu entwickeln. Die Digitalwirtschaft und digitale Transformation soll vorangetrieben werden. Beschäftigungsmöglichkeiten und Aus- und Fortbildungsmöglichkeiten für saudische Staatsangehörige sollen ausgebaut werden. Im Ausland bekannt ist das Projekt NEOM der Vision 2030, zu dem u. a. der Bau einer futuristischen Stadt (THE LINE) am Roten Meer sowie einer schwimmenden Industriestadt (Oxagon) gehört. NEOM wird vom Public Investment Fund (PIF) Saudi-Arabiens gefördert und soll offenbar als Freihandelszone mit eigenen, auf Common-Law Grundsätzen basierenden Wirtschafts- und Steuergesetzen ausgestaltet werden.

Praktisch umgesetzt wird die Vision 2030 durch Vision Realization Programs (VRPs), also spezifische Umsetzungspläne, u. a. das sog. National Transformation Program (NTP) und das sog. National Industrial Development and Logistics Program.

Für (ausländische) Investoren ergeben sich aus der Vision 2030 viele Geschäftsmöglichkeiten.

1.2.2 Inflation

In 2023 blieb die Inflation in Saudi-Arabien im Vergleich zu vielen anderen Ländern mit 2,3 % (Vorjahr 2022: 2,5 %) niedrig (Weltbank).

1.2.3 Beziehung zur Bundesrepublik Deutschland

Deutschland liegt bezüglich des Imports von Produkten und Leistungen unter den fünf wichtigsten Haupthandelspartnern Saudi-Arabiens. Für die Beziehungen mit Deutschland und der Europäischen Union (EU) wichtig sind u. a. der wirtschaftliche und rüstungs- und sicherheitspolitische Austausch.

1.2.4 Internationale Verträge und Mitgliedschaften Saudi-Arabiens

Saudi-Arabien hat zahlreiche internationale Abkommen und Verträge ratifiziert. Das Land ist u. a. Mitglied der Vereinten Nationen (UN), G20-Mitglied und Mitglied des Golfkooperationsrates, der Arabischen Liga, der Organisation für Islamische Zusammenarbeit (OIC), der Welthandelsorganisation (WTO), der Weltorganisation für geistiges Eigentum (WIPO) und der Internationalen Handelskammer (ICC). Saudi-Arabien ist Gründungsmitglied der Organisation erdölexportierender Länder (OPEC).

1.3 Rechts- und Gerichtssystem

1.3.1 Rechtssystem

Das Rechtssystem basiert traditionell auf dem islamischen Recht, der Scharia, deren bedeutendste Grundlage der Koran und die Sunna sind, also die Überlieferungen des Propheten Mohammed. In Saudi-Arabien wird die Scharia in ihrer Gesamtheit angewendet und daraus u. a. die Vorschriften, die die Rechtsbeziehungen Privater betreffen (bspw. Vermögen, Familien-, Erb- und

Strafrecht), abgeleitet. Traditionell ist das Rechtssystem nicht kodifiziert, was die Vorhersehbarkeit des Rechts insbesondere für Ausländer erschwert hat.

Das sog. Basic Law of Governance datiert aus 1992 (Royal Order No. 190/1412 on the Promulgation of the Basic Law of Governance) und regelt u. a. die Staatsform und -religion sowie die Rolle des Königshauses und dessen Kompetenzen. Die Verfassung sind danach der Koran und die Sunna, woraus die Scharia abgeleitet wird. Gesetze werden vorrangig durch den Ministerrat beschlossen und durch königliches Dekret (Royal Decree) ratifiziert. Der König kann königliche Dekrete auch ohne Gesetzgebungsvorschlag des Ministerrates erlassen.

Es gibt Rechtsbereiche, in denen das islamische Recht bzw. die Scharia nur wenige oder keine Leitlinien bietet und in denen daher inzwischen die von der Regierung erlassenen Vorschriften maßgebliches Recht sind. Bspw. werden das Gesellschafts- und Arbeitsrecht heute durch geschriebene und weitgehend in sich geschlossene Gesetze, Durchführungsverordnungen, Ministerialbeschlüsse, Gerichtsurteile und Gewohnheitsrecht geregelt. Das Gewohnheitsrecht basiert insbesondere auf Stammeskultur und Tradition.

Zuletzt hat Saudi-Arabien zur Umsetzung der Vision 2030 viele neue Gesetzesvorhaben eingeführt, bspw. das am 19.12.2023 in Kraft getretene Gesetz über zivilrechtliche Transaktionen (Royal Decree No. M191/1444 v. 18.06.2023 und Saudi Arabia Cabinet Decision No. 820/1444 Civil Transactions Law v. 18.06.2023). Das Gesetz ist die erste Kodifizierung des Zivilrechts im Königreich, nachdem zuvor zivilrechtliche Angelegenheiten durch auf der Scharia basierende Richtlinien geregelt wurden. Deckt das neue Zivilgesetz eine Rechtsfrage nicht ab, gelten 41 Scharia-Grundsätze.

1.3.2 Gerichtssystem

Das Gerichtssystem wird infolge der Vision 2030 reformiert, um ein attraktives Umfeld für Investoren zu schaffen und das Vertrauen in den Wirtschaftsstandort zu stärken. Es beruht grundsätzlich auf islamischem Recht (Scharia). Der König fungiert als letzte Berufungsinstanz und kann Begnadigungen aussprechen.

Grundsätzlich gilt für Gerichtsverfahren ein dreistufiger Instanzenzug. In der ersten Instanz gibt es neben den allgemeinen Zivilgerichten Gerichte mit speziellen Zuständigkeiten (Arbeitsrecht, Handels- und Gesellschaftsrecht oder Familienrecht) und Strafgerichte. Die Commercial Courts sind für den geschäftlichen Verkehr wichtig. Das Berufungsgericht ist zuständig für die Überprüfung der erstinstanzlichen Urteile, wobei kein Suspensiveffekt besteht. Der Supreme Court ist u. a. zuständig für die Überprüfung der durch die Berufungsgerichte ergangenen Urteile. Das Vollstreckungsgericht (Enforcement Court) ist für die Zwangsvollstreckung von Urteilen und Beschlüssen zuständig.

Seit 2020 werden die meisten Gerichtsverfahren online geführt. Gerichtskosten werden erst seit 2022 erhoben (Royal Decree No. M16/1443 on the Approval of the Judicial Costs Law v. 07.09.2021 und Saudi Arabia Cabinet Decision No. 65/1443 Approving the Judicial Cost System). Sie betragen nun nach der Grundregel maximal 5 % des Streitwertes mit einer Obergrenze von 1 Mio. SAR (ca. 250.000 EUR).

Rechtsanwälte berechnen für gewöhnlich Stundensätze von 1000–3000 SAR (netto), zzgl. Erfolgshonorar und Auslagen (also ca. 250–750 EUR (netto) pro Stunde).

1.3.3 Streitentscheidung

1.3.3.1 Rechts- und Gerichtsstandsvereinbarungen

In vielen Rechtsordnungen können die Parteien eines Rechtsstreits das auf ihr Vertragsverhältnis anwendbare (ausländische) Recht frei wählen durch sog. Rechtswahlklauseln, die Vertragsbestandteil werden. In der Folge erkennen auch viele nationale Gerichte eine (wirksame) Rechtswahl zugunsten ausländischen Rechts an.

Saudische Gerichte sind diesbezüglich historisch zurückhaltender. Auch das neue Civil Transaction Law normiert die Anwendung ausländischen Rechts bzw. sog. Kollisionsnormen nicht. Dies lässt vermuten, dass ein saudisches Gericht auch unter Geltung dieses Gesetzes im Zweifel saudisches Recht anwenden würde und eine vertragliche Rechtswahlklausel zugunsten ausländischen Rechts nicht unbedingt anerkennen würde.

Abweichendes gilt für Schiedsgerichtsverfahren, da Art. 38 des saudisches Arbitration Law (Royal Decree No. M34/1433 Arbitration Law v. 16.04.2012 und Saudi Arabia Cabinet Decision No. 156/1433 Approving the Arbitration Law v. 09.04.2012) den Parteien gestattet, das auf den Vertrag anwendbare Recht frei zu wählen. Voraussetzung ist, dass der Vertrag eine Schiedsklausel enthält.

Künftig kann Abweichendes auch aus sog. UN-Kaufrecht folgen. Saudi-Arabien hat 2023 seinen Beitritt zum Übereinkommen der Vereinten Nationen über Verträge über den internationalen Warenkauf (United Nations Convention on Contracts for International Sale of Goods, CISG) verkündet. Für Saudi-Arabien besteht ein Vorbehalt oder Opt-out in Bezug auf Teil III CISG, da dieser sich auf Zinsen bezieht, die nach islamischem Recht verboten sind. Seit 01.09.2024 wird das CISG in Saudi-Arabien automatisch auf einen internationalen Kaufvertrag angewendet, sofern die Parteien die Anwendung nicht ausdrücklich ausschließen oder davon abweichen (Art. 6, Art. 12 CISG). Da CISG-Bestimmungen „durch eine internationale Brille ausgelegt werden" müssen (Art. 7 CISG), ist das CISG ein neutrales Handelsrecht für Kaufverträge, das die Parteien von der Wahl freistellt, entweder dem Recht des Staates des Verkäufers oder dem Recht des Staates des Käufers zu folgen.

1.3.3.2 Schiedsverfahren

Schiedsgerichtsvereinbarungen auch zugunsten ausländischer Schiedsverfahren sind zulässig nach Arbitration Law.

Die gängigste Schiedsstelle ist das Saudi Centre for Commercial Arbitration (SCCA), das nach einem Kabinettsbeschluss aus dem Jahr 2014 seit 2016 als erste institutionelle Schiedsstelle des Landes in Riad angesiedelt ist. Es führt Schieds- und Mediationsverfahren in zivil- und handelsrechtlichen Streitigkeiten nach der SCCA-Schiedsgerichtsordnung oder nach anderen Regeln, denen die Parteien zustimmen, in arabischer oder englischer Sprache durch. Die SCCA-Schiedsgerichtsordnung basiert auf der UNICTRAL-Schiedsgerichtsordnung und sieht seit 2023 keinen Verweis auf die Anwendung der Scharia mehr vor. Da die Scharia-Grundsätze Grundlage des Rechts bilden, sind sie über das Merkmal der „öffentlichen Ordnung" auf die Vollstreckung von Schiedssprüchen anwendbar, die in Saudi-Arabien oder im Ausland ergangen sind.

1.3.3.3 Anerkennung ausländischer Gerichtsurteile und Schiedssprüche

Die Anerkennung und Vollstreckung ausländischer Gerichtsurteile und Schiedssprüche ist geregelt in Royal Decree No. M53/1433 Related to the Saudi Arabia Execution Law v. 03.07.2012 und Saudi Arabia Cabinet Decision No. 261/1433 on the Approval of the Execution Law v. 02.07.2012 (Enforcement Law).

Nach Art. 11 Enforcement Law sind ausländische Urteile nur bei gegenseitiger Anerkennung bzw. Vollstreckung von Urteilen anerkennungs- und vollstreckungsfähig (Prinzip der Reziprozität) sowie unter den weiteren, folgenden Voraussetzungen:

- Keine Zuständigkeit der saudischen Gerichte für die Streitigkeit;
- Zuständigkeit des ausländischen Gerichts, welches das Urteil erlassen hat;
- Ordnungsgemäße Durchführung des Gerichtsverfahrens (Parteien hatten faire Möglichkeit, persönlich anwesend zu sein, sich vertreten zu lassen und sich zu verteidigen);

1.3 Rechts- und Gerichtssystem

- Rechtskraft des Urteils (nach dem Recht am Ort des entscheidenden Gerichts nicht mehr angreifbar);
- Kein Widerspruch des Urteils zu anderen Gerichtsentscheidungen oder Gesetzen zur jeweiligen Thematik in Saudi-Arabien;
- Kein Verstoß des Urteils gegen die öffentliche Ordnung Saudi-Arabiens.

Die Gegenseitigkeit ergibt sich aus bi- oder multilateralen völkerrechtlichen Abkommen. Mangels entsprechenden Abkommens zwischen Deutschland und Saudi-Arabien sind deutsche Urteile in Saudi-Arabien – sowie umgekehrt – nicht vollstreckbar.

Die Merkmale des Art. 11 gelten über Art. 12 auch für ausländische Schiedssprüche. Saudi-Arabien hat zudem das UN-Übereinkommen von 1958 über die Anerkennung und Vollstreckung ausländischer Schiedssprüche (sog. New Yorker Übereinkommen) in 1994 ratifiziert unter dem Vorbehalt der Gegenseitigkeit. Eine Anerkennung und Vollstreckung von Schiedssprüchen durch das örtliche Vollstreckungsgericht (Enforcement Court) kommt in Betracht, wenn das Ursprungsland des Schiedsspruchs ein Unterzeichnerstaat des Übereinkommens ist.

Saudi-Arabien ist Mitglied der Riad Konvention von 1983, die eine Anerkennung von ausländischen Urteilen von Ländern der MENA-Region ermöglicht. Saudi-Arabien hat in 1996 das GCC-Übereinkommen über die Vollstreckung von Urteilen, Delegationen und gerichtlichen Zustellungen ratifiziert. Beide Übereinkommen sehen eine gegenseitige Vollstreckung ausländischer Schiedssprüche außer bei Verstoß gegen die öffentliche Ordnung und die islamische Scharia vor.

Investitionsrechtliche Rahmenbedingungen 2

2.1 Foreign Investment Law

In Bezug auf ausländische Direktinvestitionen kam Saudi-Arabien bei einer Betrachtung der GCC-Region gegenüber den VAE, die bereits frühzeitig eine wirtschaftliche Diversifizierung im Auge hatten, eine eher nachrangige Rolle zu. So wurde der Markt Saudi-Arabiens oftmals von den VAE als Regional Hub aus bedient. Als Teil der Vision 2030 soll Saudi-Arabien ausländische Direktinvestitionen in signifikantem Umfang anziehen. Dazu wurden zuletzt die nachfolgend ausschnittsweise dargestellten Reformvorhaben ergriffen.

2.1.1 Foreign Investment Law 2000

Die wirtschaftliche Betätigung ausländischer Investoren in Saudi-Arabien war bis jüngst geregelt im Foreign Investment Law vom 10.04.2000 (Royal Decree No. M1/1421 on the Approval of the Foreign Investment Law und Saudi Arabia Cabinet Decision No. 1/1421 Approving the Foreign Investment Law) und den Ausführungsbestimmungen (Executive Rules of Foreign Investment Act).

Danach konnten ausländische Investoren im Prinzip jeder Geschäftstätigkeit nachgehen, sofern diese nicht durch die sog. Negativliste bzw. auf andere Weise für Ausländer ausgeschlossen war. So waren bspw. ausländische Investitionen im Gesundheitswesen nur unter engen Voraussetzungen möglich, ohne dass dies entsprechend in der Negativliste gekennzeichnet war. Die Negativliste schloss ausländische Investoren u. a. von den Bereichen des religiösen Tourismus, Handelsvertretungen sowie Tätigkeiten im Öl-, Militär-, Rekrutierungs- und Immobilienbereich aus.

2.1.2 Neues Investment Law

Das bisherige Foreign Investment Law wurde 2024 ersetzt durch das neue Investment Law (Royal Decree No. M19/1446 Investment Law v. 22.07.2024 und Saudi Arabia Cabinet Decision No. 40/1446 Investment Law v. 17.07.2024). Das Gesetz tritt voraussichtlich am 07.02.2025 in Kraft. Durchführungsbestimmungen sollen innerhalb von 180 Tagen ab Veröffentlichung im Gesetzblatt veröffentlicht werden (Art. 15).

Gesetzeszweck sind die Entwicklung und Verbesserung der Wettbewerbsfähigkeit des saudischen Investitionsumfelds und die Schaffung von Beschäftigungsmöglichkeiten (Art. 2). Zuständig im Sinne des Investment Law ist u. a. das Ministry of Investment (MISA).

Art. 1 enthält wichtige Definitionen. „Investition" (Investment) wird definiert als die Verwendung von Kapital zur Errichtung, Erweiterung, Entwicklung, Finanzierung, Verwaltung oder zur teilweisen oder vollständigen Eigentumserlangung eines Investitionsvorhabens in Saudi-Arabien zum Zwecke eines wirtschaftlichen Vorteils. „Investor" wird definiert als lokaler oder ausländischer Investor. „Lokaler Investor" wird definiert als natürliche oder juristische Person saudischer Nationalität, die Investitionen betreibt. „Ausländischer Investor" wird definiert als natürliche oder juristische Person, die Investitionen betreibt und nicht als lokaler Investor gilt. Anders als das bisherige Foreign Investment Law ist das Gesetz gleichermaßen anwendbar für saudische und ausländische Investoren.

Art. 3 regelt den Grundsatz der Investitionsfreiheit und erlaubt Investoren unbeschadet Art. 8 und 9 und einschlägiger Gesetze, Investitionen in jedem Sektor und in Bezug auf jede Aktivität, die für Investitionen offen steht, zu tätigen.

Art. 4 normiert unbeschadet anderer Gesetze, dass ein Investor die folgenden Rechte haben soll:

- Er ist anderen Investoren gleichgestellt und einheimische und ausländische Investoren sind unter vergleichbaren Umständen gleich zu behandeln;
- Er muss fair und gerecht behandelt werden;
- Investitionen dürfen weder ganz noch teilweise konfisziert werden, es sei denn aufgrund endgültiger gerichtlicher Entscheidung, noch dürfen diesbezüglich mittelbare oder unmittelbare Enteignungen stattfinden außer aus Gründen des öffentlichen Interesses, in Übereinstimmung mit gesetzlichen Verfahren und gegen angemessene Entschädigung;
- Er hat das Recht, sein Vermögen innerhalb oder außerhalb Saudi-Arabiens ohne Verzögerungen zu transferieren (einschließlich Transfer der Erträge aus

2.1 Foreign Investment Law

seinen Anlagen und der daraus erzielten Gewinne sowie der Erlöse aus dem Verkauf oder der Liquidation der Investition auf legalem Wege in jeder anerkannten Währung und eine Verfügung über diese Gelder auf andere legale Weise);
- Er ist befugt, seine Investition zu verwalten, über sie in Übereinstimmung mit Gesetzen zu verfügen und alle für den Geschäftsbetrieb notwendigen Gegenstände im Eigentum zu halten;
- Das geistige Eigentum und die Geschäftsgeheimnisse des Investors sind geschützt; und
- Verwaltungsverfahren werden erleichtert und die notwendige Unterstützung und Hilfestellung durch die zuständige Behörde gewährt.

Investoren sind dazu verpflichtet, sich an alle in Saudi-Arabien geltenden Gesetze und internationalen Vereinbarungen, denen Saudi-Arabien beigetreten ist, zu halten (Art. 5).

▶ **Wichtig**
Eine Investitionslizenz scheint nicht mehr erforderlich (voraussichtlich ab Februar 2025). Es reicht nun offenbar eine Registrierung bei MISA vor Tätigung einer Investition (Art. 7). Näheres sollen die Durchführungsbestimmungen regeln. Nach Registrierung bei MISA wird soweit derzeit ersichtlich das sog. Commercial Registration Certificate zusammen mit den für den Geschäftsbetrieb erforderlichen Genehmigungen ausgestellt.

MISA soll ein nationales Register für Investoren schaffen, welches Daten zu vorgenommenen Investitionen bereithält.

Eine Liste sog. ausgeschlossener Aktivitäten (Excluded Activities) soll erlassen und diese aktualisiert und veröffentlicht werden (Art. 8). Ausländische Investoren, die einer ausgeschlossenen Aktivität nachgehen möchten, müssen vor Tätigkeitsbeginn eine Genehmigung beantragen. Gleiches gilt in Bezug auf Eigentumsübertragungen, die eine Investition in ausgeschlossene Aktivitäten betreffen.

Unbeschadet der einschlägigen Gesetze kann die zuständige Behörde Investitionsanreize (Investment Incentives) nach objektiven und gerechten Kriterien gewähren. Näheres sollen die Durchführungsbestimmungen regeln (Art. 6).

Zum Schutz der nationalen Sicherheit ist das Ministerium zur Suspendierung ausländischer Investitionen befugt, allerdings nur, wenn eine solche Entscheidung auf objektiven Gründen beruht, und in Einklang mit den Verpflichtungen aus internationalen Abkommen, denen Saudi-Arabien beigetreten ist, sowie mit den Durchführungsbestimmungen steht (Art. 9).

Das Gesetz erlaubt als Alternative zur staatlichen Gerichtsbarkeit die Vereinbarung von Schiedsgerichtsklauseln und sieht Mediation und andere alternative Streitbeilegung vor (Art. 10). Geregelt werden Strafen, die bei Verstößen unterschiedlicher Natur gegen Investoren verhängt werden können (Art. 11). Gegen Entscheidungen des Ministeriums kann innerhalb von 30 Tagen nach Mitteilung Beschwerde beim zuständigen Gericht eingelegt werden (Art. 12).

Das neue Investment Law hat keinen Einfluss auf die Vorschriften anderer Einrichtungen, die anwendbar sind für bestimmte wirtschaftliche Aktivitäten sowie auf Vorschriften der Sonderwirtschaftszonen (sog. Special Economic Zones), sofern Investoren mindestens die im Foreign Investment Law verbürgten Rechte gewährt werden (Art. 14).

2.2 Sonderwirtschaftszonen (Special Economic Zones)

Als Teil der Vision 2030 wurden seit 2022 mehrere sog. Special Economic Zones (SEZ), also Sonderwirtschaftszonen, eingerichtet. SEZ sind Gebiete innerhalb der Grenzen eines Landes, in denen für Unternehmen und Handel andere Gesetze gelten als im Rest des Landes, wie bspw. Steuervergünstigungen oder Ausnahmen von sonst geltenden Regulierungen.

Mit den SEZ sollen (ausländische) Investoren angelockt, strategisch wichtige Branchen und Zukunftsindustrien gefördert und neue Beschäftigungsmöglichkeiten für saudische Staatsangehörige im Privatsektor geschaffen werden, um den Arbeitsmarkt in den betroffenen Regionen zu stärken. Zuständig ist die Economic Cities and Special Zones Authority (ECZA). Es ist angedacht, die SEZ gesonderten Regelwerken (u. a. Gesellschafts-, Steuer- und Arbeitsrecht) zu unterwerfen.

Bislang wurden die nachfolgenden fünf SEZ geschaffen, die auf verschiedene Regionen Saudi-Arabiens verteilt sind und an die besonderen Stärken der einzelnen Regionen anknüpfen:

2.2.1 King Abdullah Economic City Special Economic Zone (KAEC)

Die mehr als 60 km^2 große King Abdullah Economic City Special Economic Zone (KAEC) ist am Roten Meer im Westen Saudi-Arabiens gelegen. Da

2.2 Sonderwirtschaftszonen (Special Economic Zones)

ca. 13 % des gesamten Welthandels über diese Region abgewickelt werden, besteht eine sehr gute Anbindung an internationale Lieferketten. Die KAEC verfügt über einen neuen Hafen (King Abdullah Port) und fokussiert sich bislang auf die Automobil-, Konsumgüter-, ICT-, MedTech-, Pharma- und Logistik-Branche. Unternehmen sollen in der KAEC für einen Zeitraum von bis zu 20 Jahren von einem Körperschaftsteuersatz von 5 % und einem Umsatzsteuer- und Quellensteuersatz von 0 % profitieren. Es werden keine Zölle auf Waren innerhalb der SEZ erhoben.

2.2.2 Ras Al-Khair Special Economic Zone (RAK)

Mit der im Nordosten belegenen Ras Al-Khair Special Economic Zone (RAK) soll ein hochmodernes Werft- und Offshore-Cluster entstehen, das sich auf Schiffsbau, Wartung, Reparatur, Betrieb und Überholung von Ölplattformen und Bohrinseln spezialisiert. Strategisch günstig am Meer gelegen, profitiert die RAK von der Nähe zum Industriehafen Ras Al-Khair Port. Unternehmen sollen in der RAK von attraktiven steuerlichen Vorteilen profitieren, darunter eine Körperschaftsteuer von 5 % für einen Zeitraum von bis zu 20 Jahren und die Befreiung von Umsatzsteuer, Quellensteuer und von Zöllen auf Waren innerhalb der RAK.

2.2.3 Jazan Special Economic Zone (JSEZ)

Saudi-Arabien möchte eine führende Rolle auf den globalen Märkten für Bauwesen sowie verarbeitete Metalle und Mineralien übernehmen. Mit der in der Provinz Jazan belegenen Jazan Special Economic Zone (JSEZ) soll der bereits starke Bergbausektor ausgebaut werden und die Lebensmittelverarbeitung sowie die Logistik-Branche gefördert werden. Aufgrund ihrer Lage im Südwesten eignet sich die JSEZ für Import- und Exportbeziehungen mit afrikanischen Ländern. Unternehmen sollen in der SEZ von der Nähe zu einem der größten Häfen der Region profitieren. Die steuerlichen Vergünstigungen sollen identisch mit denen in KAEC und RAK sein.

2.2.4 Cloud Computing Special Economic Zone

Die Cloud Computing SEZ ist eine SEZ mit Hauptsitz in der King Abdulaziz City for Science and Technology (KACST) im Innovation Tower in Riad, die

Saudi-Arabien zu einem regionalen Zentrum für fortschrittliche Computertechnologien (Cloud Computing) entwickeln soll. Saudi-Arabien beabsichtigt, bis zum Jahr 2030 Investitionen von 20 Mrd. USD im Daten- und KI-Sektor anzuziehen. Digitale Unternehmen sollen in der SEZ von qualifizierten Arbeitskräften, einem umfangreichen Kundenstamm im öffentlichen Sektor und einer technikaffinen Bevölkerung profitieren. Neben steuerlichen Vorteilen ist Strom zu einem günstigen Tarif (0,05 USD/kWh) erhältlich. Darüber hinaus sind Cloud-Computing Dienste direkt von der SEZ erhältlich.

2.2.5 Riyadh Integrated Special Logistics Zone (RISLZ)

Die Riyadh Integrated Special Logistics Zone (RISLZ) profitiert von ihrer strategischen Lage in der Nähe des King Khalid International Airport (KKIA) in Riad. Die RISLZ ist bedeutend für die Entwicklung des Landes zu einem führenden Transport- und Logistikzentrum. Investoren bietet die SEZ diverse steuerliche Anreize. Zuständige Aufsichtsbehörde für in der RISLZ niedergelassene Unternehmen ist (im Gegensatz zu anderen SEZ) die Behörde für Zivilluftfahrt (General Authority of Civil Aviation, GACA).

2.3 Handelsvertreterrecht

Für einen Markteintritt in Saudi-Arabien gibt es verschiedene Intensitätsstufen. Eine Geschäftstätigkeit vom Ausland aus bildet dabei die Stufe mit der geringsten Intensität. Indes erwarten saudische Kunden, insbesondere im öffentlichen Sektor, zunehmend eine physische Präsenz vor Ort. Überdies erfordern gewisse Geschäftsaktivitäten in Saudi-Arabien das Vorliegen besonderer Lizenzen und Genehmigungen. Geschäftsaktivitäten ohne formelle lokale Präsenz können zudem einen Verstoß gegen das Anti-Concealment Law (Royal Decree No. M4/1442 v. 20.08.2020 und Saudi Arabia Cabinet Decision No. 785/1441 on the Approval of the Anti-Concealment Law v. 18.08.2020) darstellen, es sei denn, es wird ein lokaler Handelsvertreter bzw. Vertriebshändler ernannt. Daher sollten ausländische Unternehmen, die in Saudi-Arabien geschäftlich aktiv werden möchten, oftmals eine Repräsentanz bzw. Niederlassung registrieren oder ein Unternehmen gründen. Ist dies (vorerst) nicht gewünscht, kommt die Zusammenarbeit mit einem Eigenhändler bzw. Handelsvertreter in Betracht. Vorteil ist,

2.3 Handelsvertreterrecht

dass ausländische Prinzipale die bestehende Infrastruktur und die lokalen Marktverbindungen des Eigenhändlers bzw. Handelsvertreters in Saudi-Arabien zum Vertrieb ihrer Produkte nutzen können.

Das Handelsvertretergesetz (Royal Decree No. M11/1382 Related to the Approval of the Commercial Agencies Law v. 22.07.1962 und Saudi Arabia Cabinet Decision No. 89/1382 on the Approval of the Commercial Agencies Law v. 15.07.1962) und die Ausführungsbestimmungen gelten bis heute. Zuletzt wurde zwar für 2021 ein Entwurf eines neuen liberalen Handelsvertreterrechts angekündigt, das aber bislang nicht umgesetzt wurde.

Nach Art. 1 können Handelsvertreter ausschließlich saudische Staatsangehörige oder Gesellschaften sein, die zu 100 % von saudischen Staatsangehörigen gehalten und geleitet werden. Der Begriff des Handelsvertreters erfasst Handelsvertreter im eigentlichen Sinne und Eigenhändler (sog. Distributoren).

Zudem müssen Handelsvertretungen und Handelsvertretervertrag nach Art. 3 beim Ministry of Commerce (MoC) registriert werden (sog. Handelsvertreterregister). Dies erfordert nach Art. 3 bestimmte Angaben, andernfalls ist eine Registrierung nicht möglich. Ohne Registrierung kann eine Handelsvertretung nicht ausgeführt werden (Art. 3 Hs. 1).

▶ Die Registrierung kann online erfolgen über den Internetauftritt des MoC gegen eine Gebühr von SAR 500 (ca. 125 EUR). Besondere formelle Anforderungen gelten bei Beteiligung ausländischer Prinzipale, bspw. im Falle einer Attestierung des Handelsvertretervertrages.

Eine Handelsvertretung erhält grundsätzlich das Recht, die Ware in dem vertraglich festgelegten Gebiet zu vertreiben. Exklusivität der Handelsvertretung ist im Commercial Agencies Law nicht vorgeschrieben und es wird nicht zwischen exklusiven und nicht-exklusiven Handelsvertretern bzw. Eigenhändlern unterschieden. Entsprechende Ausschließlichkeitsvereinbarungen können zwischen den Parteien jedoch grundsätzlich vertraglich vereinbart werden.

Eine einseitige Kündigung des Handelsvertretervertrages ist im Commercial Agencies Law nicht vorgesehen. Die Durchführungsbestimmungen erfordern für die Registrierung, dass der Handelsvertretervertrag Regelungen zur Kündigung enthält. Insofern ist eine Auflösung des Handelsvertretervertrages in beiderseitigem Einverständnis, möglicherweise auch durch einseitige Kündigung denkbar. Dies hängt von den Vertragsvereinbarungen der Parteien im Einzelfall ab.

2.4 Gesellschaftsrechtliche Rahmenbedingungen

Möchten sich Investoren demgegenüber mit einem eigenen „Footprint" in Saudi-Arabien engagieren, kommen mehrere Möglichkeiten in Betracht:

- Repräsentanz (Technical and Scientific Office);
- (Zweig-)Niederlassung (Branch);
- Gesellschaft.

Insofern sind die Vorgaben des in 2022 umfassend reformierten saudischen Gesellschaftsrechts („Company Law") zu beachten (Royal Decree No. M132/1443 v. 30.06.2022 und Saudi Arabia Cabinet Decision No. 678/1443 on the Approval of the Companies Law v. 28.06.2022). Auch wurden Durchführungsbestimmungen (Implementing Regulations of the Companies Law) erlassen. Die neuen Vorschriften sollen das Wachstum und die Expansion saudischer Unternehmen fördern und das Investitionsklima vor Ort verbessern.

Das Company Law normiert alle Formen von Unternehmen (gewerbliche, gemeinnützige, familiengeführte und/oder freiberufliche Unternehmen) in einem einzigen Gesetz. Zulässige Gesellschaftsformen sind nach Art. 4:

- General Partnership;
- Limited Partnership;
- Joint-Stock Company – JSC;
- Simplified Joint-Stock Company – SJSC;
- Limited Liability Company – LLC.

Jedes nach Company Law gegründete Unternehmen ist als saudisches Unternehmen anzusehen und muss seinen Hauptsitz in Saudi-Arabien haben (Art. 3).

Vorschriften zur Unternehmensgründung (bspw. Unternehmensname, Gründungsantrag) sind in Art. 4–15 normiert. Daran schließen sich in Art. 16–25 Regelungen zu Unternehmensfinanzen an (bspw. Finanzjahr, Buchführungspflicht, Ernennung eines Wirtschaftsprüfers). Allgemeine Vorschriften zur Geschäftsführung (bspw. Pflichten, Interessenkonflikte, Haftung) regeln die Art. 26–34.

Weitere relevante Regelungen finden sich in Spezialgesetzen, wie dem neuen Handelsregister- und Handelsnamengesetz, das voraussichtlich in April 2025 in Kraft treten wird (Royal Decree No. M83/1446 und Saudi Arabia Cabinet Decision No. 237/1446 on the Approval of the Commercial Register and Trade Names Law v. 08.09.2024). Existierende und neu zu gründende Unternehmen sind danach in ein nationales Handelsregister (statt regionale Register) einzutragen,

2.4 Gesellschaftsrechtliche Rahmenbedingungen

das alle bestehenden Niederlassungen umfasst und die bislang für jede Niederlassung separat erforderliche Eintragung abschafft. Handelsregistereintragungen verfallen nicht mehr. Daten sind aber alle 12 Monate ab Ausstellungsdatum vom betroffenen Unternehmen elektronisch zu bestätigen.

2.4.1 Ausländische Unternehmen

Die Art. 235–241 Company Law enthalten Vorschriften zu ausländischen Unternehmen (Foreign Companies). Nach Art. 235 gilt das Company Law für ausländische Gesellschaften, die im Königreich tätig sind (mit Ausnahme der Vorschriften zur Gesellschaftsgründung), und zwar unbeschadet besonderer Vereinbarungen, die zwischen Saudi-Arabien und ausländischen Ländern oder Gesellschaften geschlossen wurden, und unbeschadet der saudischen Gesetze.

Ein ausländisches Unternehmen kann durch eine Zweigniederlassung, eine Repräsentanz oder in anderer Form im Einklang mit dem Foreign Investment Law und anderen einschlägigen gesetzlichen Bestimmungen tätig werden (Art. 236). Jede Zweigniederlassung oder Repräsentanz eines ausländischen Unternehmens muss ihre Adresse in Saudi-Arabien und den vollständigen Namen, die Adresse und den Hauptsitz des Unternehmens in allen Unterlagen, Dokumenten und Veröffentlichungen angeben (Art. 237). Eine solche Zweigniederlassung oder Repräsentanz unterliegt den saudischen Gesetzen (Art. 239).

Nimmt ein ausländisches Unternehmen seine Tätigkeiten und Geschäfte vor Abschluss eines Genehmigungsverfahrens und vor Eintragung im Commercial Register auf oder übt es ungenehmigte Tätigkeiten aus, haften das Unternehmen und die an diesen Tätigkeiten und Geschäften beteiligten Personen gesamtschuldnerisch (Art. 240).

Ist eine ausländische Gesellschaft in Saudi-Arabien nur temporär tätig, wird sie vorübergehend in das Handelsregister eingetragen (Art. 241). Nach Tätigkeitsende erlischt die Eintragung und die Gesellschaft wird nach Erfüllung ihrer Rechte und Pflichten gemäß dem Company Law bzw. anderer Gesetze aus dem Register gestrichen.

2.4.1.1 Repräsentanz (Technical and Scientific Office)

Ausländische Investoren können bei MISA (ggf. sind auch Unterlagen beim MoC einzureichen) eine Repräsentanz in Form eines sog. „Technical and Scientific Office" (TSO) registrieren bzw. eine Lizenz hierfür beantragen.

Das TSO kann indes nur für bestimmte Aktivitäten genutzt werden. Nach dem sog. MISA „Services Manual" (derzeit in 11. Aufl. 2024) beschränkt sich der Aktionsradius auf die Unterstützung eines saudischen Handelsvertreters, der die Produkte des Unternehmens in Saudi-Arabien vertreibt, sowie auf Unternehmen, die das Büro nutzen, um Vertretern, Händlern und Verbrauchern ihrer Produkte wissenschaftliche und technische Dienstleistungen anzubieten. Das TSO kann Marktforschung betreiben. Dem TSO ist es untersagt, in Saudi-Arabien direkt oder indirekt Verträge abzuschließen, kommerzielle Tätigkeiten auszuüben oder Investitionen zu tätigen. Das TSO darf keine Gebühren für die Ausbildung saudischer Techniker erheben. Sollte das TSO eine andere als die erlaubten Aktivitäten ausüben, kann die Lizenz gekündigt oder mit sofortiger Wirkung entzogen werden.

Sofern die Registrierung des TSO zur Unterstützung eines Handelsvertreters erfolgen soll, muss dieser im Handelsregister aufgeführt sein und seine Zustimmung zur Registrierung erteilen. Das TSO muss MISA jährlich eine Zusammenfassung seiner Tätigkeiten vorlegen.

2.4.1.2 (Zweig-)Niederlassung

Ebenfalls Vorstufe zur Gesellschaftsgründung ist die Errichtung einer (Zweig-)Niederlassung (Foreign Company Branch), also einer örtlich vom Hauptunternehmen getrennten, rechtlich jedoch unselbstständigen Betriebsstätte, die mit eigenen Kompetenzen ausgestattet ist.

Der Aktivitätsradius der (Zweig-)Niederlassung ist größer als der eines TSO. Sie kann grundsätzlich die Geschäftsaktivitäten ausüben, die die Muttergesellschaft im jeweiligen Heimatland ausüben darf. Maßgeblich ist der im Handelsregister bzw. in der Satzung wiedergegebene Unternehmensgegenstand. Die Muttergesellschaft muss in dem jeweiligen Geschäftsfeld über einen Mindestzeitraum von drei Jahren aktiv gewesen sein. Bei bestimmten Aktivitäten können auch längere Fristen gelten. Wird die Niederlassung permanent betrieben, muss regelmäßig ein Mindestkapital in Höhe von 500.000 SAR (ca. 125.000 EUR) auf ein lokales Bankkonto für die Branch einbezahlt werden. Allerdings führt die Einzahlung nicht zu einer Haftungsbefreiung. Verantwortlich und haftbar für die Tätigkeiten der Branch ist im vollen Umfang die Muttergesellschaft, weil die Branch kein eigenständiges Rechts- und Haftungssubjekt ist.

Die Branch darf nur diejenigen Aktivitäten ausüben, für die eine entsprechende Lizenz eingeholt worden ist. Ausgenommen sind stets Handelsaktivitäten sowie Werbe- und Marketingaktivitäten. Die Tätigkeiten der Branch beschränken sich im Allgemeinen auf die Ausführung von Aufträgen und Projekten, die die Muttergesellschaft erhalten hat, oder auf die Erfüllung von Aufgaben, um die Haupttätigkeiten der Muttergesellschaft zu unterstützen.

2.4 Gesellschaftsrechtliche Rahmenbedingungen

Vorteil einer Branch ist, dass die Einschränkungen für TSOs keine Anwendung finden. Da mit einer Branch verhältnismäßig viele Geschäftsaktivitäten abgedeckt werden können und regelmäßig keine lokale Beteiligung erforderlich ist, ist diese Niederlassungsform insbesondere bei unterstützenden Tätigkeiten oftmals eine präferierte Option.

2.4.2 Limited Liability Company (LLC)

In der Praxis greifen ausländische Investoren indes in der Regel auf eine Kapitalgesellschaft als Investitionsvehikel zurück. Besonderer Beliebtheit erfreut sich die sog. Limited Liability Company (LLC), auch da diese vergleichsweise einfach zu gründen ist und die Verwaltung sich regelmäßig als unkompliziert erweist. Die LLC ist eine in ihrer Haftung beschränkte Kapitalgesellschaft, die mit der deutschen GmbH vergleichbar ist. Rechtsgrundlage sind Art. 156–184 Company Law.

2.4.2.1 Gesellschaftsgründung
2.4.2.1.1 Gesellschafter

Art. 156 definiert die LLC als „eine Gesellschaft, die von einer oder mehreren natürlichen oder juristischen Personen gegründet wird. Das Vermögen und die Verbindlichkeiten der Gesellschaft gelten als getrennt von denen ihrer Gesellschafter oder ihres Eigentümers; die Gesellschaft haftet allein für die von ihr eingegangenen Schulden und Verbindlichkeiten sowie für die Schulden und Verbindlichkeiten, die sich aus ihrer Tätigkeit ergeben. Der Eigentümer und die Gesellschafter der Gesellschaft haften für diese Schulden und Verbindlichkeiten nur im Verhältnis zu ihren Anteilen am Kapital."

Eine LLC kann auch als sog. Single-Person Limited Liability Company von einer natürlichen oder juristischen Person gegründet werden. Diese Person hat die im Company Law vorgesehenen Befugnisse und Vollmachten des Geschäftsführers, des Vorstands und der Gesellschafterversammlung. Ihre Beschlüsse werden schriftlich gefasst und in ein bei der Gesellschaft geführtes Register eingetragen. Ein oder mehrere Geschäftsführer können ernannt werden, die die Gesellschaft vor Gerichten, Schiedsgerichten und anderen Parteien vertreten und ihr gegenüber für die Geschäftsführung verantwortlich sind. Die Single-Person LLC hat eine Satzung.

2.4.2.1.2 Bestimmung des Unternehmensnamens

Als Teil des Gründungsprozesses ist ein Unternehmensname zu wählen. Nach Art. 5 muss ein Unternehmen einen Handelsnamen in arabischer Sprache oder in einer anderen Sprache haben, der den Zweck des Unternehmens widerspiegelt oder ein unverwechselbarer Name oder der Name eines oder mehrerer gegenwärtiger oder früherer Gesellschafter des Unternehmens oder eine Kombination des Vorgenannten ist. Der Name darf nicht im Widerspruch zu geltenden Gesetzen stehen.

Enthält der Handelsname den Namen eines früheren Gesellschafters, ist die Zustimmung dieses Gesellschafters einzuholen (Art. 5 Abs. 2). Stirbt dieser Gesellschafter ohne Zustimmungserteilung, so bedarf es der Zustimmung seiner Erben.

▶ Das neue Handelsregister- und Handelsnamengesetz (Royal Decree No. M83/1446 und Saudi Arabia Cabinet Decision No. 237/1446 on the Approval of the Commercial Register and Trade Names) enthält auch Neuerungen zu Unternehmensnamen. Unternehmen können einen Handelsnamen reservieren, bevor dieser offiziell eingetragen wird. Geregelt werden zudem die Voraussetzungen für die Reservierung und Eintragung von Unternehmensnamen sowie Richtlinien für verbotene Namen. Unternehmensnamen können nun arabische, nicht-arabische, arabisierte Wörter oder aus Buchstaben oder Zahlen zusammengesetzte Wörter enthalten.

Die Rechtsform muss im Handelsnamen enthalten sein (Art. 5 Abs. 3). Eine Namensänderung kann erfolgen, berührt aber weder die Rechte und Pflichten der Gesellschaft noch die Gültigkeit vorheriger Rechtshandlungen (Art. 5 Abs. 4).

2.4.2.1.3 Satzung der Gesellschaft

Art. 7 normiert für alle Gesellschaftsformen, dass eine nach Company Law gegründete Gesellschaft eine Satzung (Articles of Incorporation) haben muss, während u. a. die Ein-Personen-LLC Articles of Association haben muss. Diese Dokumente müssen in Arabisch bzw. bilingual verfasst sein. Das Ministry of Commerce (MoC) erstellt Vorlagen für alle Gesellschaftsformen.

Die Satzung der LLC muss nach Art. 158 Abs. 1 bestimmte Mindestangaben enthalten und bedarf der Schriftform (ebenso Satzungsänderungen). Andernfalls gilt die Satzung als nichtig (Art. 8). Die Gründer, Gesellschafter, Geschäftsführer oder Vorstandsmitglieder einer Gesellschaft sind verpflichtet, die Satzung oder

2.4 Gesellschaftsrechtliche Rahmenbedingungen

den Gesellschaftsvertrag der Gesellschaft sowie jede Änderung beim Commercial Register anzumelden. Eine unterlassene Eintragung kann zur Haftung führen. Nach Erteilung der sog. Commercial License darf die LLC ihre wirtschaftliche Tätigkeit aufnehmen.

2.4.2.1.4 Registriertes Stammkapital

Vorgaben an das Mindestkapital einer LLC ergeben sich aus dem Company Law nicht. Allerdings wurde die Erteilung einer Investitionsgenehmigung durch MISA oftmals an ein Mindestkapital je nach Geschäftstätigkeit geknüpft. Mitunter bestehen auch Vorgaben zu einer zwingenden Involvierung von saudischen Gesellschaftern.

Die Gesellschafter bestimmen das Kapital in der Satzung (Art. 175). Es ist in unteilbare und nicht handelbare Anteile gleichen Wertes aufgeteilt und kann als Bareinlage und/oder als Sacheinlage geleistet werden. Sacheinlagen werden gemäß Art. 159 in Verbindung mit Art. 141 bewertet.

2.4.2.2 Geschäftsleitung

Die LLC wird von einem oder mehreren Geschäftsführern geleitet (Art. 160), die im Gesellschaftsvertrag oder in einem separaten Vertrag für (un-)bestimmte Zeit ernannt werden. Die Geschäftsführungsmethoden und die erforderliche Beschlussmehrheit werden im Gesellschaftsvertrag bzw. per Gesellschaftsbeschluss festgelegt (Art. 161). Der Geschäftsführer vertritt die LLC vor Gerichten, Schiedsgerichten und Dritten und kann einige seiner Befugnisse auf andere übertragen (Art. 162 Abs. 1).

Geschäftsführer haben die im Anstellungsvertrag bzw. Gesellschaftsvertrag genannten Befugnisse und Funktionen und die Sorgfalts- und Loyalitätspflicht des Art. 26 zu erfüllen. Der Geschäftsführer darf kein direktes oder indirektes Interesse an den für Rechnung der Gesellschaft getätigten Geschäften und geschlossenen Verträgen haben ohne Zustimmung der Gesellschafter bzw. der Gesellschafterversammlung (Art. 27). Der Geschäftsführer darf ohne Genehmigung der Gesellschafter bzw. der Gesellschafterversammlung keine Geschäfte tätigen, die mit der Gesellschaft oder einer ihrer Tätigkeiten konkurrieren könnten.

Bei Vakanz des Geschäftsführerpostens müssen die Gesellschafter innerhalb einer 15-tägigen Frist ab Kenntniserlangung einen neuen Geschäftsführer ernennen (Art. 163). Bei Abberufung eines Geschäftsführers ist ein neuer Geschäftsführer zu ernennen (Art. 164 Abs. 1 S. 1). Der abberufene Gesellschaftergeschäftsführer kann nicht an der Abberufungsabstimmung teilnehmen (Art.

164 Abs. 1 S. 2). Die LLC hat eine aus allen Gesellschaftern bestehende Generalversammlung, die mindestens einmal jährlich innerhalb von sechs Monaten nach Geschäftsjahresende einberufen wird (Art. 165).

2.4.2.3 Dividenden

Die Behandlung von Dividendenbezugsrechten, die von der Gesellschafterstruktur abweichen, ist nicht einheitlich geregelt. Es gibt keine expliziten gesetzlichen Beschränkungen, aber die Praxis kann je nach Art der Gesellschaft und den spezifischen Umständen variieren.

An die Gesellschafter können Jahres- oder Zwischendividenden ausgeschüttet werden (Art. 22). Die Gesellschafter teilen grundsätzlich Gewinne und Verluste im Verhältnis zu ihren Anteilen am Kapital (Art. 23). Wird eine Vereinbarung getroffen, die einem Gesellschafter Gewinne vorenthält oder ihn von Verlusten befreit, so gilt diese als nichtig. Die Satzung der Gesellschaft kann jedoch eine Gewinn- und Verlustbeteiligung vorsehen. Ein Gesellschafter, der ausschließlich Arbeitsleistungen erbringt, kann von der Verlustbeteiligung ausgenommen werden, sofern er für diese Leistungen keinen Lohn erhält.

Art. 175 sieht für Dividendenausschüttungen in der LLC vor, dass die Beteiligung am Reingewinn und am Liquidationsüberschuss gleichberechtigt ist, sofern der Gesellschaftsvertrag nichts anderes bestimmt. Die Generalversammlung bestimmt den Prozentsatz des Reingewinns, der nach Abzug etwaiger Rücklagen an die Gesellschafter ausgeschüttet wird. Der Anspruch eines Gesellschafters auf seinen Gewinnanteil ergibt sich aus einem Beschluss der Generalversammlung oder der Gesellschafter, in dem die Fristen für Anspruch und Verteilung festgelegt werden.

2.4.2.4 Haftung

Haftungsrechtlich ist zwischen der Haftung der Gesellschaft, der Gesellschafter, der Geschäftsführer und des Aufsichts- bzw. Verwaltungsrats zu unterscheiden.

Nach Erteilung der Commercial License und Eintragung in das Handelsregister ist die Gesellschaft rechtlich selbstständig (Art. 9) und kann eigene Rechte und Pflichten begründen, am Rechtsverkehr teilnehmen und selbst klagen bzw. verklagt werden.

Sofern das Stammkapital eingezahlt worden ist, ist die Haftung der LLC auf das Gesellschaftsvermögen begrenzt, sodass das Privatvermögen der Gesellschafter nicht berührt wird. Die Gesellschafter haften im Grundsatz nur mit dem Umfang ihrer eingebrachten Anteile (Art. 156).

Geschäftsführer haften gegenüber der Gesellschaft, den Gesellschaftern und Dritten persönlich für fehlerhaftes Handeln (Art. 28). Die Geschäftsführer haften entweder persönlich oder gesamtschuldnerisch (Art. 28 Abs. 2). Sie haften gemeinsam, wenn der Beschluss, der Gegenstand der Haftung ist, einstimmig gefasst wird. Wird der Beschluss mit Stimmenmehrheit gefasst, so haften die widersprechenden Geschäftsführer nicht, wenn ihr Widerspruch ausdrücklich im Sitzungsprotokoll festgehalten wird.

2.4.2.5 Geschäftsjahr, Buchführungspflichten und Jahresabschluss

Das Geschäftsjahr beträgt 12 Monate und ist in der Satzung der Gesellschaft festzulegen (Art. 16 S. 1). Das erste Geschäftsjahr kann einen Zeitraum von mindestens sechs Monaten und höchstens 18 Monaten ab der Eintragung in das Handelsregister umfassen (Art. 16 S. 2).

Die LLC hat Buch zu führen und Buchhaltungsunterlagen für eine gewisse Zeit ab Jahresabschluss in der Niederlassung oder an einem anderen, vom Geschäftsführer oder Verwaltungsrat bestimmten Ort aufzubewahren (Art. 17 Abs. 1).

Der Jahresabschluss einer Gesellschaft ist bis zum Ende eines jeden Geschäftsjahres nach den lokal anerkannten Rechnungslegungsgrundsätzen zu erstellen und gemäß den Durchführungsbestimmungen zum Company Law innerhalb von sechs Monaten nach dem Ende des Geschäftsjahres in der gesetzlich vorgesehenen Form zu hinterlegen (Art. 17 Abs. 2).

Die Pflicht zur Bestellung eines Abschlussprüfers gilt mit bestimmten Ausnahmen nicht für Kleinst- und Kleinunternehmen (Art. 19). Ziel ist es, Neugründungen zu fördern.

2.4.3 Weitere Gesellschaftsformen

Art. 35–50 Company Law regeln die General Partnership, die am ehesten der Offenen Handelsgesellschaft (OHG) des deutschen Rechts ähnelt. Die Limited Partnership (Art. 51–57) ähnelt am ehesten einer Kommanditgesellschaft (KG). Die Joint-Stock Company (JSC – Art. 58–137) und die Simplified Joint-Stock Company (SJSC – Art. 138–155) sind zwei Formen der Aktiengesellschaft.

2.4.4 Regional Headquarter-Programm

Zur Umsetzung der Vision 2030 wurde mit Cabinet Decision No. 377/1444H ein Regional Headquarter-Programm (RHQ-Programm) eingeführt. Es wurde mit Cabinet Decision No. 461/1445H vom 26.12.2023 nachgeschärft.

Das Programm ist eine gemeinsame Initiative von MISA und der Royal Commission for Riyadh City (RCRC), um multinationale Unternehmen (MNU) dazu zu ermutigen, ihr Regional Headquarter (RHQ) innerhalb der MENA-Region in Saudi-Arabien anzusiedeln.

Ein RHQ ist eine eigenständige Unternehmenszentrale, die in einer bestimmten Region für diverse Konzerngesellschaften allgemeine Verwaltungsfunktionen (bspw. Personal- und Finanzwesen, Unternehmensplanung, -koordination und -steuerung) übernimmt. Die MENA-Region umfasst für das RHQ-Programm nach einem FAQ von MISA Saudi-Arabien, die Vereinigten Arabische Emirate, Kuwait, Bahrain, Oman, Katar, Jemen, Irak, Jordanien, Palästina, Libanon, Syrien, Ägypten, Libyen, Tunesien, Algerien, Mauretanien und Marokko.

Interessierte Unternehmen müssen eine Interessenbekundung (EoI) bei MISA einreichen. Qualifizierte Unternehmen werden sodann eingeladen, einen detaillierten Antrag zu übermitteln, der von MISA und RCRC bewertet wird u. a. bezüglich Unternehmensgröße, Schaffung von Arbeitsplätzen und wirtschaftlicher Vorteile für Saudi-Arabien. MISA und RCRC entscheiden sodann über die Zulassung zum RHQ-Programm. Das RHQ muss entweder als registrierte Zweigniederlassung eines ausländischen Unternehmens in Saudi-Arabien oder als Tochtergesellschaft eines dort ansässigen multinationalen Konzerns gegründet werden. Die Gültigkeitsdauer der RHQ-Lizenz beträgt zwischen ein bis fünf Jahren. RHQs dürfen nur RHQ-bezogene Aktivitäten durchführen und dürfen nicht kommerziellen Aktivitäten nachgehen, die Einnahmen generieren. Die sog. Mandatory RHQ Activities müssen innerhalb von sechs Monaten nach RHQ-Lizenzerteilung aufgenommen werden. Innerhalb eines Jahres nach Lizenzerteilung sind mindestens drei optionale RHQ-Aktivitäten aufzunehmen.

Saudi-Arabien möchte ab 2024 grundsätzlich keine multinationalen Unternehmen in öffentlichen Bieterverfahren des RHQ mehr berücksichtigen, die ihr RHQ nicht vor Ort errichten. Hierzu erlassen wurde in 2022 zunächst Saudi Arabia Cabinet Decision No. 377/1444 (on the Approval of the Controls of Contracting between Government Agencies and Companies that Do Not Have a Regional Headquarter in the Kingdom and Related Parties). In 2023 folgte außerdem Saudi Arabia Cabinet Decision No. 461/1445 (on the Approval of the Controls of Contracting between Government Agencies and Companies that Do Not Have a Regional Headquarter in the Kingdom and Related Parties).

2.4 Gesellschaftsrechtliche Rahmenbedingungen

Konkret dürfen ab dem 01.01.2024 staatliche Einrichtungen Unternehmen, die ein RHQ in der MENA-Region haben, dieses aber nicht in Saudi-Arabien ansässig ist, sowie deren verbundene Parteien, dazu zählen u.a. Handelsvertreter und Distributoren, nur noch in Ausnahmefällen öffentliche Aufträge vergeben, nämlich bei:

- Arbeiten/Beschaffungen mit geschätztem Wert von weniger als 1 Mio. SAR (ca. 250.000 EUR);
- Arbeiten, die außerhalb Saudi-Arabiens ausgeführt werden.

Solche Unternehmen ohne RHQ in Saudi-Arabien (entsprechend der gesetzlichen Definition) und die mit ihnen verbundenen Parteien können zwar Angebote für öffentliche Ausschreibungen einreichen bzw. teils auch zu Bieterverfahren zugelassen werden, indes können nur unter Einschränkungen Angebote angenommen bzw. solche Unternehmen zum Bieterverfahren eingeladen werden. Dazu gehören je nach Einzelfall folgende Szenarien:

- Es gibt nur ein einziges technisch akzeptables Angebot;
- Das eingereichte Angebot ist aus technischer Sicht das beste und sein Wert liegt mindestens 25 % unter dem des zweitbesten Angebots;
- In Bezug auf die auszuführenden Arbeiten gibt es nur einen qualifizierten Bieter mit RHQ in Saudi-Arabien (ausgenommen Unternehmen ohne RHQ in Saudi-Arabien und mit ihnen verbundene Unternehmen);
- Es liegt eine Notfallsituation vor, die nur durch Einladung von Unternehmen ohne RHQ im Königreich oder von mit ihnen verbundenen Unternehmen gelöst werden kann bzw. durch eine direkte Beauftragung solcher Unternehmen;
- Die Arbeiten oder Beschaffungen sind ausschließlich bei einem Unternehmen ohne RHQ im Königreich oder den mit ihm verbundenen Parteien erhältlich.

Um positive Anreize für eine Verlagerung von RHQ-Aktivitäten zu schaffen, wurden zugunsten betroffener Unternehmen zahlreiche Investitionsanreize geschaffen (dazu unter Abschn. 3.7).

Ende Oktober 2024 wurde verkündet, dass das für 2030 gesteckte Ziel, mehr als 500 RHQ von MNEs anzusiedeln, bereits erfüllt sei, da bereits 540 solche RHQs eingerichtet worden seien.

Tab. 2.1 Ausgewählte Freihandelsabkommen (Saudi-Arabien)

Nr.	Abkommen	Unterzeichnungsdatum	Inkrafttreten
1	GCC Economic Agreement	11.11.1981	01.12.1981
2	Greater Arab Free Trade Area (GAFTA) Pan-Arab Free Trade Area (PAFTA) Agreement to Facilitate and Develop Inter-Arab Trade	19.02.1997	01.01.1998
3	GCC-EFTA Free Trade Agreement	22.06.2009	01.07.2014
4	GCC-Singapore Free Trade Agreement (GSFTA)	15.12.2008	01.09.2013
8	Agreement on Liberalization of Trade in Services Among Arab Countries	01.02.2017	14.10.2019
10	Saudi Arabia – US TIFA	31.07.2003	31.07.2003

2.5 Freihandelsabkommen

Freihandelsabkommen sind völkerrechtliche Verträge, die den freien Handel zwischen den Vertragsstaaten gewährleisten. Die Saudi General Authority of Foreign Trade ist dazu befugt, sich mit allen Fragen der Handelsabkommen und der Außenhandelspolitik zu befassen, um saudischen Exporten Zugang zu ausländischen Märkten zu ermöglichen (Tab. 2.1).

2.6 Investitionsschutzabkommen

Saudi-Arabien hat mit vielen Staaten bi- oder multilaterale Investitionsschutzabkommen (International Investment Agreements), also völkerrechtliche Abkommen, abgeschlossen. Zweck ist die Verbesserung des (Rechts-)Schutzes für ausländische Investoren im Gaststaat (Tab. 2.2 und 2.3).

2.6 Investitionsschutzabkommen

Tab. 2.2 Ausgewählte bilaterale Investitionsschutzabkommen (Saudi-Arabien)

Land	Unterzeichnungsdatum	Inkrafttreten
Deutschland	29.10.1996	08.01.1999
Österreich	30.06.2001	25.07.2003
Frankreich	26.06.2002	18.03.2004
BLEU (Belgien – Luxemburg)	22.04.2001	11.06.2004
Japan	30.04.2013	07.04.2017
Usbekistan	06.06.2011	24.01.2014
Tschechische Republik	18.11.2009	13.03.2011
Belarus	20.07.2009	07.08.2010
Ukraine	09.04.2008	18.02.2009
Schweden	11.03.2008	01.10.2009
Türkei	08.08.2006	05.02.2010
Singapur	10.04.2006	05.10.2007
Spanien	09.04.2006	14.12.2016
Schweiz	01.04.2006	09.08.2008
Indien (gekündigt)	25.01.2006	20.05.2008
Aserbaidschan	09.03.2005	20.05.2011
Indonesien	15.09.2003	05.07.2004
Republik Korea	04.04.2002	19.02.2003
Malaysien	25.10.2000	28.12.2001
Italien	10.09.1996	22.05.1998
China	29.02.1996	01.05.1997
Philippinen	17.10.1994	11.11.1996
Ägypten	15.10.2024	
Irak	17.04.2019	
Jordanien	27.03.2017	

Tab. 2.3 Ausgewählte multilaterale Abkommen mit Investitionsschutzvorschriften (Saudi-Arabien)

Land	Unterzeichnungsdatum	Inkrafttreten
GCC EFTA FTA	22.06.2009	01.07.2014
GCC – Singapore FTA	15.12.2008	01.09.2013
Saudi Arabia – US TIFA	31.07.2003	31.07.2003
EC – GCC Cooperation Agreement	15.06.1988	01.01.1990
GCC Economic Agreement	11.11.1981	01.12.1981
OIC Investment Agreement	05.06.1981	01.02.1988
Arab Investment Agreement	26.11.1980	07.09.1981
Arab League Investment Agreement	29.08.1970	29.08.1970

Steuerliche Rahmenbedingungen 3

Saudi-Arabien erhebt direkte und indirekte Steuern. Die Regierungsbehörde, die die sog. Zakat- und Steuerverbindlichkeiten verwaltet und einzieht, ist die Zakat, Tax and Customs Authority (ZATCA), eine Behörde des Finanzministeriums (Ministry of Finance – MoF).

3.1 Überblick direkte und indirekte Steuern

Saudi-Arabien hat u. a. mit Körperschaftsteuer, Zakat und Quellensteuer direkte Steuern eingeführt. Die Körperschaftsteuer wurde bereits 2004 eingeführt (Royal Decree No. M1/1425 Related to the Income Tax Law v. 06.03.2004 und Saudi Arabia Cabinet Decision No. 278/1424 on the Approval of the Income Tax Law v. 12.01.2004; nachfolgend „Income Tax Law").

Saudi-Arabien hat zudem indirekte Steuern eingeführt, nämlich u. a. zum 01.01.2018 eine Umsatzsteuer und zum 11.06.2017 eine Verbrauchsteuer für ausgewählte Waren. Neben einer Immobilientransaktionssteuer (sog. Real Estate Transaction Tax – RETT) gilt auch eine „white land tax" in Höhe von 2,5 % für alle unbebauten Grundstücke innerhalb der Stadtgrenzen. Saudi-Arabien erhebt zudem Zölle auf eingeführte Waren.

3.2 Besteuerung von Individuen

3.2.1 Einkommensteuer, Social Security Tax, Erbschaft- und Vermögensteuer

Für die Einwohner („resident") Saudi-Arabiens ist keine persönliche Einkommensteuer für Einkünfte aus abhängiger Beschäftigung vorgesehen (Art. 3 i.V. mit Art. 2 Income Tax Law). Als Einwohner gilt jede natürliche Person, die eine unbefristete Aufenthaltserlaubnis (Permanent Residency) hat und sich nicht weniger als 30 Tage während eines Steuerjahres in Saudi-Arabien aufhält oder derjenige, der sich für einen Zeitraum von nicht weniger als 183 Tagen in Saudi-Arabien aufhält. Ein Aufenthalt für einen Teil eines Tages gilt als ganzer Tag, es sei denn, die Person befindet sich lediglich im Transit zwischen Grenzübergängen. Mangels Einkommensteuer gilt für Einkommen aus abhängiger Beschäftigung auch keine Lohnsteuer (sog. Payroll Tax).

Saudi-Arabien erhebt bislang keine Erbschaft- oder Vermögensteuer. Erhoben wird indes die sog. Social Security Tax, bei der es sich um Abgaben zur Sozialversicherung handelt (dazu unter Abschn. 4.7.9).

3.2.2 Mitarbeiterentsendungen

Obwohl das Land keine flächendeckende Einkommensteuer auf persönliche Einkünfte erhebt, können bei Mitarbeiterentsendungen nach Saudi-Arabien steuerliche Aspekte relevant werden.

Nach deutschem Steuerrecht besteht z. B. bei Beibehaltung des (Steuer-) Wohnsitzes eines Arbeitnehmers in Deutschland bei einer Entsendung das Risiko einer Besteuerung im Heimatland. Entscheidend ist insofern, ob der beschäftigte Mitarbeiter weiterhin der unbeschränkten Steuerpflicht in Deutschland mit seinem weltweiten Einkommen (inländisches sowie ausländisches Einkommen, einschließlich Einkommen aus Saudi-Arabien) unterliegt (vgl. § 1 Abs. 1 Nr. 1 EStG). Die unbeschränkte Steuerpflicht in Deutschland erfordert einen (Steuer-) Wohnsitz (§ 8 AO) oder einen gewöhnlichen Aufenthalt (§ 9 AO) in Deutschland. Die Abmeldung beim Einwohnermeldeamt hat nach öffentlichem Recht nur Indizwirkung für die Steuersitzaufgabe. Entscheidend ist, ob die Verfügungsgewalt über die Wohnung aufgegeben wird.

Bei Aufgabe des Steuerwohnsitzes in Deutschland ist auch das deutsche Außensteuergesetzes (AStG) zu beachten, bspw. die Wegzugsbesteuerung (§ 6) und die erweiterte beschränkte Steuerpflicht (§ 2). Beide Besteuerungsvorgänge sollen einen angemessenen Ausgleich dafür schaffen, dass die deutschen Steuerbehörden aufgrund Steuerwohnsitzaufgabe in Deutschland oder Errichtung eines neuen Steuerwohnsitzes in einem Niedrigsteuerland Steuersubstrat verlieren.

3.3 Körperschaftsteuer

Seit 2004 existiert durch das Income Tax Law eine Körperschaftsteuer in Höhe von 20 %. Davon abzugrenzen ist die sog. Zakat. Zakat ist eine religiöse Abgabe im Islam, bei der Muslime einen Teil ihres Vermögens spenden.

3.3.1 Persönlicher Anwendungsbereich

Körperschaftsteuerpflichtig sind in Saudi-Arabien ansässige Kapitalgesellschaften für die Anteile, die direkt oder indirekt von nicht-saudischen Personen und nicht-GCC-Staatsangehörigen gehalten werden, sowie für die Anteile, die direkt oder indirekt von Personen gehalten werden, die in der Öl- und Kohlenwasserstoffproduktion tätig sind (Art. 2 lit. a Income Tax Law).

Anteile, die unmittelbar oder mittelbar von Personen gehalten werden, die in der Öl- und Kohlenwasserstoffgewinnung tätig sind, an Kapitalgesellschaften mit Sitz im Königreich, die an den saudischen Finanzmärkten notiert sind, sowie die Anteile, die diese Gesellschaften unmittelbar oder mittelbar an Kapitalgesellschaften halten, sind von der Steuer befreit.

Eine Gesellschaft wird während des Steuerjahres als in Saudi-Arabien ansässig angesehen, wenn sie entweder gemäß dem saudischen Company Law gegründet wurde oder wenn sich ihr Hauptsitz im Königreich befindet (Art. 2 lit. b).

Demgegenüber unterliegen ansässige Unternehmen, die sich direkt oder indirekt im Besitz von saudischen oder anderen GCC-Staatsangehörigen befinden, nur der Zakat in Höhe von 2,5 %. Die Zakat-Verordnungen, die am 14.03.2019 erlassen wurden, gelten für Geschäftsjahre, die am oder nach dem 01.01.2019 beginnen.

Werden Anteile an einer Gesellschaft sowohl von saudischen (bzw. GCC-) als auch von nicht-saudischen Anteilseignern gehalten, so ist nur der Anteil des nicht-saudischen Anteileigners körperschaftsteuerpflichtig. Der saudische Anteilseigner (bzw. GCC) zahlt Zakat auf seinen Anteil.

3.3.2 Regelsteuersatz und Besonderheiten

Der Regelsteuersatz beträgt 20 %. Spezielle, auf Basis der Kapitalinvestitionen des Unternehmens zu ermittelnde Sätze gelten für Einkünfte aus der Erdöl- und Kohlenwasserstoffproduktion.

3.3.3 Steuererklärung, Steuervorauszahlungen und Strafen

Steuererklärungen müssen fristgerecht bei der ZATCA eingereicht werden, basierend auf dem Steuerjahr des Unternehmens, und die fällige Körperschaftsteuer muss innerhalb von 120 Tagen nach Ende des Steuerjahres des Steuerpflichtigen gezahlt werden (Art. 69). Für hundertprozentige Tochtergesellschaften müssen konsolidierte Steuererklärungen für Zakat-Zwecke eingereicht werden. Konsolidierte Steuererklärungen sind jedoch nicht für Körperschaftsteuerzwecke zulässig.

Das Steuerjahr eines Steuerpflichtigen beginnt mit dem Datum der Gewerbeanmeldung oder Lizenzerteilung, es sei denn, andere Dokumente belegen ein anderes Datum. Das Steuerjahr entspricht dem Steuerjahr des Staates. Ein Steuerzahler kann ein anderes Steuerjahr verwenden, wenn er ein gregorianisches Geschäftsjahr verwendet oder wenn er Mitglied einer Unternehmensgruppe oder einer Zweigniederlassung eines ausländischen Unternehmens ist, das ein anderes Geschäftsjahr vorsieht.

Gewisse Steuerzahler müssen drei gleichmäßige Steuervorauszahlungen am letzten Tag des sechsten, neunten und zwölften Monats des laufenden Steuerjahres leisten (Art. 70 a). Steuervorauszahlungen sind zu leisten, wenn der Steuerpflichtige im Laufe des Jahres Einkünfte erzielt und die errechnete Zahlung mindestens 500.000 SAR (ca. 125.000 EUR) beträgt.

Ein Steuerzahler, dessen steuerpflichtiges Einkommen 1 Mio. SAR (ca. 250.000 EUR) übersteigt, muss die Richtigkeit der Steuererklärung von einem zugelassenen Wirtschaftsprüfer bescheinigen lassen (Art. 60 e).

Die Steuerbehörden können Strafen für die Nichterfüllung von Pflichten aus dem Income Tax Law verhängen (Art. 76 ff.).

3.3.4 Verrechnungspreisrichtlinien

ZATCA hat Verrechnungspreisrichtlinien (Transfer Pricing Bylaws) veröffentlicht, die zuletzt zum 01.01.2024 geändert wurden. Sie gelten für Transaktionen zwischen verbundenen Personen und sehen umfassende Verpflichtungen vor (bspw. Übermittlung des Transaction Disclosure Form). ZATCA ist befugt, Transaktionen mit verbundenen Parteien zu überprüfen, relevante Unterlagen anzufordern und Einnahmen oder Ausgaben nach dem Fremdvergleichsgrundsatz anzupassen.

3.3.5 Quellensteuer

Saudi-Arabien erhebt zudem nach Art. 68 Income Tax Law eine Quellensteuer (Withholding Tax – WHT). Keine Quellensteuern werden auf Dividenden-, Zins- und Lizenzgebührenzahlungen an inländische Unternehmen erhoben.

Art. 68 a) bestimmt, dass jeder Gebietsansässige, unabhängig davon, ob er nach dem Income Tax Law steuerpflichtig ist oder nicht, und jede Betriebsstätte in Saudi-Arabien, die zu einem Nichtansässigen gehört, die einen Betrag an einen Nichtansässigen aus einer Quelle im Königreich zahlt, von dem gezahlten Betrag eine Steuer nach festgelegten Sätzen einbehalten muss. Werden Zahlungen von einer natürlichen Person geleistet, gelten die Pflichten aus Art. 68 Income Tax Law für Zahlungen im Zusammenhang mit der gewerblichen Tätigkeit dieser Person. Zu Sachverhalten, die der Quellensteuer unterliegen, gehören bspw.:

- Managementgebühren;
- Lizenzgebühren;
- Zahlungen gegen Dienstleistungen an den Hauptsitz oder an eine verbundene Partei;
- Beratungs- und technische Dienstleistungen und Telekommunikationsdienste (außer Zahlungen an den Hauptsitz oder ein verbundenes Unternehmen), Miete, Flugtickets oder Luft- oder Seefracht, Dividenden, Darlehenszinsen, Versicherungs- oder Rückversicherungsprämien.

Die Quellensteuersätze variieren je nach Art der Dienstleistung zwischen 5 %, 15 % und 20 % und sind anwendbar, sofern Steuerabkommen keine anderen Sätze regeln.

Art. 68 normiert diverse Verpflichtungen. Quellensteuer ist innerhalb der ersten zehn Tage des Monats zu entrichten, der auf den Monat folgt, in dem die Zahlung erfolgt ist. Außerdem ist eine Quellensteuerregistrierung vorzunehmen. Ferner ist dem Begünstigten eine Bescheinigung auszustellen, die den an ihn gezahlten Betrag und den Quellensteuerbetrag ausweist.

3.3.6 Betriebsstätten

Das Income Tax Law umfasst das Besteuerungsrecht in Bezug auf Betriebsstätten von nicht-gebietsansässigen Personen. Zu unterscheiden ist zwischen ständigen Betriebsstätten (sog. Fixed Place Permanent Establishment) und Vertreterbetriebsstätten (sog. Agency Permanent Establishment).

Dienstleistungsbetriebsstätten sind nicht ausdrücklich normiert. ZATCA hat das Konzept aber faktisch durch die Definition der für die Steuerbemessung maßgeblichen Einkünfte gemäß Art. 5 lit. a Income Tax Law eingeführt. Zu den Einkünften gehören z. B. Einkünfte aus Dienstleistungen, die ganz oder teilweise in Saudi-Arabien erbracht wurden.

Mit Circular Nr. 1/80/1436 vom 02.12.2014 hat ZATCA zudem das Konzept um virtuelle Dienstleistungsbetriebsstätten erweitert. ZATCA nimmt eine Dienstleistungsbetriebsstätte auch dann an, wenn die Dienstleistungen von einem anderen Land aus erbracht werden (sog. virtuelle Dienstleistungsbetriebsstätte). Eine virtuelle Dienstleistungsbetriebsstätte ist anzunehmen, wenn (a) eine nicht-gebietsansässige Person mit einem Kunden in Saudi-Arabien einen Vertrag über die Erbringung von Dienstleistungen geschlossen hat und (b) dieser Vertrag eine Laufzeit von sechs Monaten oder mehr hat. Bei Annahme der Begründung einer virtuellen Dienstleistungssbetriebsstätte muss das ausländische Unternehmen auf die derart erwirtschafteten Einkünfte in Saudi-Arabien Körperschaftsteuer (20 %) zahlen. Erleichterungen können aus Doppelbesteuerungsabkommen (DBA) folgen. Indes besteht derzeit kein DBA mit Deutschland, sodass für deutsche Unternehmen im Einzelfall die Gefahr der Begründung einer Betriebsstätte auch bei Remote-Tätigkeiten bestehen kann.

3.4 Umsatzsteuer

Saudi-Arabien hat zum 01.01.2018 ein Umsatzsteuersystem eingeführt, basierend auf dem GCC-Abkommen (Unified Agreement for Value Added Tax for the States of the Cooperation Council for the Arab States of the Gulf v. 27.11.2016 und Saudi Arabia Cabinet Decision No. 257/1438 on the Approval of the GCC Unified VAT and Selective Tax Agreements v. 30.07.2017).

3.4 Umsatzsteuer

Rechtsgrundlage zur Erhebung der Umsatzsteuer ist das saudische Umsatzsteuergesetz (Saudi Arabia Royal Decree No. M113/1438 v. 25.07.2017 Amended by Saudi Arabia Royal Decree No. M52/1441 on the Approval of the Value Added Tax Law und Saudi Arabia Cabinet Decision No. 654/1438 on the Approval of the Value Added Tax Law – Value Added Tax Law v. 24.07.2017).

Praktisch wichtig sind die Durchführungsbestimmungen (Implementing Regulations of the Value Added Tax Law – Saudi Arabia Administrative Decision No. 3839/1438 on the Approval of the Implementing Regulation of the Value Added Tax Law).

3.4.1 Regelsteuersatz und Besonderheiten

Der Standardsteuersatz beträgt seit 01.07.2020 für die meisten Waren und Dienstleistungen 15 %.

Ein Steuersatz von 0 % gilt nur für ausgewählte Sachverhalte (bspw. Export von Waren oder Erbringung von Dienstleistungen außerhalb der GCC).

Auch gelten Befreiungen von der Umsatzsteuer nur für bestimmte Ausnahmetatbestände (bspw. Lebensversicherungen).

3.4.2 Umsatzsteuerregistrierung und Zahlung

Jede natürliche oder juristische Person, die Umsätze im Rahmen ihrer Geschäftstätigkeit generiert, unterliegt der Besteuerung. Gesetzlich nicht unterschieden wird zwischen der Lizenzart und/oder der Rechtsform der juristischen Person. Nur eine natürliche oder juristische Person, die bei ZATCA registriert ist, kann Steuerrechnungen ausstellen.

Ein in Saudi-Arabien ansässiger Steuerpflichtiger ist verpflichtet, sich für die Umsatzsteuer zu registrieren, wenn der Wert der steuerpflichtigen Lieferungen in den letzten 12 Monaten oder der geschätzte Wert der steuerpflichtigen Lieferungen in den nächsten 12 Monaten voraussichtlich die gesetzliche Registrierungsgrenze von SAR 375.000 (ca. 93.750 EUR) überschreitet. Ein ansässiges Unternehmen kann sich freiwillig für die Umsatzsteuer registrieren lassen, wenn seine steuerpflichtigen Lieferungen oder Dienstleistungen (oder Ausgaben) die Grenze von SAR 187.500 (ca. 46.875 EUR) überschreiten oder voraussichtlich überschreiten wird.

Nicht in Saudi-Arabien ansässige Personen, die Lieferungen an nicht steuerpflichtige Kunden in Saudi-Arabien ausführen, müssen sich für die Umsatzsteuer registrieren lassen.

Eine Strafe von SAR 10.000 (ca. 2500 EUR) wird erhoben bei unterbliebener fristgerechter Registrierung.

Die relevanten Umsatzsteuerzeiträume können monatlich oder quartalsweise sein. Steuerpflichtige müssen die Netto-Umsatzsteuer für den betreffenden Zeitraum berechnen und die entsprechende Steuererklärung bis zum Ende des Folgemonats zusammen mit der Zahlung elektronisch übermitteln.

3.4.3 E-Invoicing

Saudi-Arabien führt derzeit ein E-Invoicing-System in zwei Phasen ein (Generation Phase und Implementation Phase, die in sog. „Wellen" unterteilt sind, um kleineren Unternehmen mehr Zeit für die Implementierung zu geben). Rechtsgrundlage sind die sog. E-Invoicing Regulations sowie der ZATCA Simplified Guide E-Invoicing Requirements aus Juni 2022 und die ZATCA Detailed Guidelines for E-Invoicing aus Mai 2023.

3.5 Verbrauchsteuer

Im Juni 2017 wurde eine Verbrauchsteuer eingeführt infolge des GCC-Einheitsabkommens für Verbrauchsteuern (Unified Agreement for Excise Tax for the States of the Cooperation Council for the Arab States of the Gulf v. 27.11.2016).

Rechtsgrundlage sind Saudi Arabia Royal Decree No. M/86/1438 on the Approval of the Excise Tax Law v. 23.05.2017 und Saudi Arabia Cabinet Decision No. 495/1438 on the Approval of the Excise Tax Law v. 31.05.2017 sowie die Ausführungsbestimmungen (Implementing Regulations of the Excise Tax Law – Saudi Arabia Administrative Decision No. 2017-1-9/1438 Approving the Implementing Regulation of the Excise Tax Law). Änderungen fanden in nachfolgenden Jahren statt.

Die Verbrauchsteuer wird erhoben auf die Einfuhr oder Herstellung bestimmter verbrauchsteuerpflichtiger Waren, die in Saudi-Arabien in Verkehr gebracht werden. Erfasst sind:

- Kohlensäurehaltige Getränke und mit Zucker gesüßte Getränke (50 %);
- Sog. Energy Drinks (100 %);
- Tabakwaren (100 %);
- Elektronische Geräte und Flüssigkeiten für elektronische Geräte zum Rauchen (100 %).

Hersteller und Importeure verbrauchsteuerpflichtiger Waren müssen sich bei ZATCA registrieren. Die Steuererklärung für jeden Steuerzeitraum (zwei Monate) muss innerhalb von fünfzehn Tagen nach dem Fälligkeitsdatum des betreffenden Zeitraums eingereicht werden. Die ausweislich der Steuererklärung geschuldete Steuer ist fristgerecht zu entrichten. Sanktionen werden verhängt bei verspäteter Erfüllung von Pflichten (Zahlung, Abgabe von Erklärungen, Registrierung) oder bei falschen Angaben.

3.6 Zoll

Saudi-Arabien ist Mitglied der Welthandelsorganisation (WTO) und Vertragspartei des überarbeiteten Kyoto-Abkommens der WTO.

Saudi-Arabien und die anderen GCC-Länder sind durch das GCC Unified Economic Agreement durch gemeinsame Zollvorschriften, einen gemeinsamen Zolltarif und Zollbefreiungen verbunden. Saudi-Arabien ist zudem Teil der Greater Arab Free Trade Area. Darüber hinaus bestehen bilaterale und multilaterale Freihandelsabkommen oder werden derzeit verhandelt. In den SEZ sollen Einfuhrzölle ausgesetzt werden.

Die Zollgebühr ist bei Einfuhr fällig und wird auf den Preis der eingeführten Waren erhoben und im Allgemeinen auf Grundlage der Kosten, Versicherung und Fracht (CIF) der importierten Waren nach den am Tag der Zahlung geltenden Zollsätzen nach saudischen Zollvorschriften berechnet. Der Warenpreis setzt sich zusammen aus dem Preis der eingeführten Waren, wie sie für den Versand vom Ausfuhrhafen verpackt sind, plus Fracht- und Versicherungskosten bis zum saudischen Hafen. Die entsprechenden Beträge sind zu den von der Zentralbank (Saudi Arabian Monetary Authority – SAMA) am Tag der Anmeldung veröffentlichten Wechselkursen in saudische Riyals umzurechnen.

Die anwendbaren Zollsätze liegen in der Regel bei 5 % oder 0 %, je nach Tarifnummern und harmonisierten Codes, können aber für bestimmte Produkte deutlich höher sein (z. B. einige Verbrauchsgüter). Die Zollsätze wurden in 2020 auf teils 25 % erhöht (bspw. für Produkte aus Metall, Fahrzeuge und Ersatzteile,

Baumaterialien, bestimmte Getränke und Lebensmittel). Im Juli 2024 wurden die Zölle für drei Arten von Elektroprodukten von 5 % auf 15 % erhöht.

3.7 Regional Headquarter-Programm

Im Dezember 2023 hat MISA mit dem Ministry of Finance (MoF) und ZATCA ein 30-jähriges Paket mit Steueranreizen für das RHQ-Programm verkündet. Mit Wirkung zum 01.01.2024 wurde Saudi Arabia Cabinet Decision No. 461/1445 (on the Approval of the Controls of Contracting between Government Agencies and Companies that Do Not Have a Regional Headquarter in the Kingdom and Related Parties) verabschiedet, die Vorschriften für das RHQ-Programm enthält.

ZATCA hat zudem im Februar 2024 Steuervorschriften für RHQs erlassen, die die Steueranreize, die Anforderungen an die wirtschaftliche Substanz, die relevanten Verfahren, Strafen bei Nichterfüllung und andere Aspekte in Bezug auf RHQs regeln (Saudi Arabia Administrative Decision No. 24-1-9/1445, Regional Headquarters Tax Rules (sog. RHQ Tax Rules)). Im April 2024 hat ZATCA zudem Leitlinien zu RHQs veröffentlicht, die detaillierte Erläuterungen zu den gesetzlichen Bestimmungen enthalten und anhand praktischer Beispiele Anwendung und Nutzung der anwendbaren Steueranreize erklären (sog. Guideline for Regional Headquarters in KSA).

Die wichtigsten steuerlichen Anreize für einen Zeitraum von 30 Jahren (verlängerbar) sind:

- 0 % Körperschaftsteuer auf sog. qualifizierendes Einkommen;
- 0 % Quellensteuer auf Dividenden, Zahlungen an verbundene Personen und Zahlungen an Dritte für Dienstleistungen, die für die RHQ-Aktivitäten wesentlich sind (sofern sie sich auf sog. Qualifying Activities beziehen und keine Steuervermeidung beinhalten).

Die Steueranreize werden nicht automatisch gewährt, sondern unterliegen strengen Anforderungen, u. a. an die wirtschaftliche Substanz (sog. Ecomomic Substance).

3.8 Spezielle Vorschriften für Sonderwirtschaftszonen

Die Sonderwirtschaftszonen (SEZ) werben u. a. mit attraktiven steuerlichen Konditionen. Die Riyadh Integrated Special Logistics Zone hat durch die zuständige General Authority of Civil Aviation (GACA) sog. Special Tax Rules for the Special Integrated Logistics Zone erlassen. Diese normieren die in der Zone geltenden steuer- und zollrechtlichen Anreize. Für bestimmte festgelegte Aktivitäten (sog. Prescribed Activities) gelten spezielle Steuervorschriften (wie z. B. Wartung, Reparatur, Lagerung, Verpackung, Logistik, Recycling von Abfällen usw.). ZATCA hat am 10.12.2023 eine sog. General Guideline for the Zakat, Tax and Customs Regulations on the Special Integrated Logistics Zone veröffentlicht.

In den anderen SEZ sollen auch Steuer- und Zollanreize geschaffen werden, u. a. eine Reduktion des Körperschaftsteuersatzes auf 5 % für 20 Jahre, 0 % Quellensteuer dauerhaft für die Rückführung von Gewinnen aus den SEZ ins Ausland, Zollbefreiungen für Waren innerhalb der SEZ, sowie 0 % Umsatzsteuer für alle Waren, die innerhalb der SEZ und zwischen Zonen ausgetauscht werden.

3.9 Doppelbesteuerungsabkommen

Saudi-Arabien hat Doppelbesteuerungsabkommen (sog. DBA) mit 58 Staaten abgeschlossen.

Mit Deutschland existiert kein flächendeckendes DBA. Ein sektorspezifisches DBA ist auf dem Gebiet der Steuern vom Einkommen und vom Vermögen von Luftfahrtunternehmen und der Steuern von den Vergütungen ihrer Arbeitnehmer seit 09.07.2009 in Kraft. Das DBA mit Österreich ist am 01.06.2007 in Kraft getreten. Das DBA mit der Schweiz ist seit 01.04.2021 in Kraft.

Arbeitsrechtliche Rahmenbedingungen 4

4.1 Allgemeines

Das Arbeitsministerium (Ministry of Human Resources and Social Development – MHRSD) ist zuständig für arbeitsrechtliche Angelegenheiten.

Das Arbeitsrecht wird hauptsächlich durch das Arbeitsgesetz (Saudi Arabia Royal Decree No. M51/1426 v. 27.09.2005 und Saudi Arabia Cabinet Decision No. 219/1426 on the Approval of The Labour Law v. 26.09.2005) geregelt, das am 26.04.2006 in Kraft getreten ist.

Zuletzt wurde im August 2024 eine Reform des Arbeitsrechts verkündet und dazu Saudi Arabia Cabinet Decision No. 117/1446 on the Approval of the Amendment of Some Provisions of the Labour Law erlassen. Die Änderungen werden voraussichtlich am 19.02.2025 in Kraft treten. Die angekündigten Ausführungsbestimmungen (sog. „Executive Regulations") waren zum Zeitpunkt der Bearbeitung dieses Kapitels noch nicht veröffentlicht.

4.2 Vision 2030 und Arbeitsrecht

Die Reform des Labour Law aus August 2024 ist Ausdruck der Vision 2030, die auch darauf abzielt, den Arbeitsmarkt attraktiver zu gestalten und die Beschäftigungs- und Qualifizierungsmöglichkeiten für saudische Staatsangehörige zu verbessern. Tatsächlich konnte die Arbeitslosenquote saudischer Staatsangehöriger von 12,8 % in 2018 auf 7,1 % in 2024 reduziert werden.

4.3 Rechtliche Rahmenbedingungen

Das Labour Law regelt das Arbeitsverhältnis zwischen Arbeitgebern und Arbeitnehmern. Der Anwendungsbereich ergibt sich aus Art. 5. Erfasst sind sämtliche privatrechtliche Arbeitsverhältnisse einschließlich Arbeitsverhältnissen mit ausländischen Arbeitnehmern. Das Labour Law gilt für den Privatsektor und öffentlich-rechtliche Arbeitsverhältnisse.

Nach Art. 7 ist das Labour Law nicht anwendbar auf Haushaltsmitglieder, Ehepartner, Vor- und Nachkommen, die im alleinigen Betrieb ihres Arbeitgebers arbeiten, Spieler und Trainer in Vereinen und Sportverbänden, Hausangestellte und ähnliche Beschäftigte, gewisse Arbeiter in der Landwirtschaft, Arbeitnehmer, die auf Schiffen arbeiten, deren Ladung weniger als 500 t beträgt und nichtsaudische Arbeitnehmer, die eine spezifische Aufgabe für maximal zwei Monate ausführen. Arbeitnehmer auf Schiffen, deren Ladung weniger als 500 t beträgt, werden aber künftig nicht mehr vom Anwendungsbereich ausgeschlossen sein.

4.4 Aufenthalts- und Arbeitsgenehmigungen

Unternehmen müssen sich über die aktuellen Regeln zu Aufenthalts- und Arbeitserlaubnissen informieren, um einen legalen Aufenthalt ihrer Mitarbeiter zu gewährleisten und Sanktionen zu vermeiden.

4.4.1 Aufenthalt zu touristischen Zwecken und kurzzeitige Aufenthalte

Seit 2019 wurde das sog. eVisa-Program eingeführt. Touristen können ein für ein Jahr gültiges Mehrfachvisum erwerben, das zu einem Aufenthalt in Saudi-Arabien für bis zu 90 Tage berechtigt. Deutsche Touristen können das Visum online über das sog. eVisa Portal beantragen.

Das Visum gilt nur für tourismusbezogene Aktivitäten und die sog. Umrah außerhalb der Hajj-Saison. Nicht-touristische Aktivitäten (Geschäftstreffen oder berufliche Tätigkeit) werden nicht erfasst.

Ausländer, die für kurze Geschäftstätigkeiten einreisen möchten, können sog. Business Visit Visa (Single Entry Visa bzw. Multi Entry Visa) erwerben, wobei die tatsächlich erlaubten Aktivitäten regelmäßig von den im Einladungsschreiben genannten Tätigkeiten abhängen.

4.4.2 Dauerhafter Aufenthalt zu Beschäftigungszwecken

Ausländer benötigen für einen dauerhaften Aufenthalt und eine Berufstätigkeit eine Arbeitsgenehmigung (sog. Employment Visa) und Aufenthaltsgenehmigung (sog. Iqama).

Das Employment Visa ist vom Arbeitgeber beim Ministry of Interior einzuholen und wird nach Verfahrensbeendigung vor Ort in eine Arbeits- und Aufenthaltsgenehmigung umgewandelt. Die Aufenthaltsgenehmigung erlaubt ihrem Inhaber einen legalen Aufenthalt und Zugang zu Dienstleistungen, wie Bankwesen, Bildung und Gesundheitsleistungen. Ob ein Arbeitnehmer Angehörige sponsern darf, hängt jedoch in der Regel von der Berufsbezeichnung ab.

Die Aufenthaltsgenehmigung ist regelmäßig ein Jahr gültig (je nach Arbeitsvertrag) und verlängerbar. Sie ist in ihrer Gültigkeit an den jeweiligen Arbeitgeber bzw. Sponsor gebunden.

Das Ministry of Human Resources and Social Development (MHRSD) ist nach dem im August 2024 reformierten Art. 35 Labour befugt, die Verlängerung von Arbeitserlaubnissen bei Arbeitsrechtsverstößen zu verweigern.

▶ Nach dem reformierten Art. 39 darf ein Arbeitgeber seinen Arbeitnehmer grundsätzlich nicht für andere oder auf eigene Rechnung arbeiten lassen und darf nicht die Arbeitnehmer anderer Arbeitgeber beschäftigen. Ein Arbeitnehmer darf nicht auf eigene Rechnung für andere Arbeitgeber arbeiten.

Die Rechtslage zu Aufenthalts- und Arbeitsgenehmigungen kann sich schnell ändern. So wurde kürzlich ein sog. Temporary Work Visa eingeführt, das online (über Qiwa) beantragt werden kann und qualifizierten Arbeitnehmern für bis zu 90 Tage pro Visum innerhalb eines Zeitraums von einem Jahr ermöglicht, für eine das Visum fördernde Einrichtung zu arbeiten. Das Visum kann eine Lösung für kurzfristige Arbeitseinsätze vor Ort sein.

4.5 Rekrutierung

Das MHRSD ist zuständig für die Beschäftigung im Privatsektor und hat u. a. das sog. National Labour Gateway (Taqat) aufgesetzt, das eine Online-Plattform für den Arbeitsmarkt ist und Arbeitssuchende und Arbeitgeber zusammenbringt.

Arbeitgeber müssen das Verfahren zur Rekrutierung ausländischer Arbeitnehmer beachten. Um einen Ausländer auf Grundlage eines Arbeitsvisums zu beschäftigen, muss der Arbeitgeber u. a. über ein entsprechendes Visumskontingent verfügen.

4.6 Begründung des Arbeitsverhältnisses

Die Art. 50 ff. normieren die Begründung des Arbeitsverhältnisses. Arabisch ist offizielle Sprache für Arbeitsverträge, Beschäftigungsdaten und -unterlagen. Ein Arbeitsvertrag ist daher auf Arabisch oder bilingual zu verfassen, wobei im Konfliktfall die arabische Sprachfassung gilt.

Nach dem neu reformierten Art. 51 ist der Arbeitsvertrag in zwei Exemplaren auszufertigen, von denen jede Partei ein Exemplar aufbewahrt. Der Vertrag muss gemäß den einschlägigen Bestimmungen beglaubigt werden („attested"). Darüber hinaus gilt ein Vertrag auch dann als existent, wenn er nicht schriftlich vorliegt. Dann kann allein der Arbeitnehmer den Vertrag und die sich daraus ergebenden Ansprüche mit allen Beweismitteln nachweisen. Jede Partei kann jederzeit verlangen, dass der Vertrag schriftlich niedergelegt wird. Bei Arbeitnehmern, die bei Regierungsstellen und öffentlichen Körperschaften beschäftigt sind, gilt die Ernennungsentscheidung oder -anordnung der zuständigen Behörde als Vertrag.

4.6.1 Individualvertragliche Regelungen

4.6.1.1 Grenzen privatrechtlicher Zusatzvereinbarungen

Für die Begründung des Arbeitsverhältnisses sieht der neu reformierte Art. 52 Labour Law vor, dass (vorbehaltlich des Art. 37) das MHRSD ein Musterformular für jede Art von Arbeitsvertrag erstellt, das in erster Linie folgende Angaben enthält:

- Name und Ort des Arbeitgebers;
- Name und Staatsangehörigkeit des Arbeitnehmers;
- Identitätsnachweis;
- Wohnort;
- vereinbarter Lohn, einschließlich Leistungen und Zulagen;
- Art und Ort der Arbeit;
- Datum des Beschäftigungsbeginns;
- Vertragsdauer, falls festgelegt; und
- die grundlegenden Rechte und Pflichten jeder Partei.

Der Arbeitsvertrag muss dem Mustervertrag entsprechen. Die Vertragsparteien können weitere Klauseln hinzufügen, die nicht im Widerspruch zum Labour Law, seiner Ausführungsbestimmungen und einschlägiger Beschlüsse stehen. Arbeitgeber sollten sich stets über die aktuellen Mustervorlagen des MHRSD informieren

4.6 Begründung des Arbeitsverhältnisses

und diese, wenn nötig und wo erlaubt, anpassen. Da die Standardarbeitsverträge in der Regel unzureichend sind, um die Komplexität arbeitsrechtlicher Beziehungen abschließend zu regeln, kann angedacht werden, einen zusätzlichen privatschriftlichen Arbeitsvertrag (Supplementary Employment Agreement) neben dem Standardvertrag abzuschließen.

4.6.1.2 Wettbewerbs- und Konkurrenzschutzklauseln

Durch Wettbewerbs- und Konkurrenzschutzklauseln soll verhindert werden, dass sensible Informationen und Geschäftsgeheimnisse nach oder im Laufe des Arbeitsverhältnisses durch den Arbeitnehmer an unbefugte Dritte weitergegeben werden.

Nach Art. 83 Abs. 1 Labour Law sind Wettbewerbsklauseln schriftlich abzufassen und auf eine Gesamtdauer von 24 Monaten nach Beendigung des Arbeitsverhältnisses begrenzt. Ferner müssen Bestimmtheitsanforderungen erfüllt werden in Bezug auf Zeit, Ort und Art der Tätigkeit. Die Durchsetzung der Klauseln ist nur binnen eines Jahres nach Kenntniserlangung der Vertragsverletzung möglich (Art. 83 Abs. 3).

4.6.2 Arbeitszeitmodelle

Das Labour Law regelt verschiedene Arbeitszeitmodelle. Praktischer Regelfall ist eine Beschäftigung in Vollzeit. Teilzeit ist in Art. 120 normiert. Zudem wurden jüngst neue Vorschriften zu flexibler Arbeit (sog. Flexible Work) bzw. Teilzeittätigkeit mit Ministerial Decision No. 153307 v. 19.05.2024 erlassen.

4.6.3 Befristung von Arbeitsverhältnissen

Das Labour Law regelt die Befristung und die auflösende Bedingung von Arbeitsverhältnissen. Nach dem reformierten Art. 37 muss ein Arbeitsvertrag für ausländische Arbeitnehmer schriftlich abgefasst und befristet sein. Schweigt der Vertrag zur Laufzeit, so gilt die Laufzeit des Vertrages als ein Jahr ab dem Zeitpunkt der Arbeitsaufnahme durch den Arbeitnehmer. Setzt der Arbeitnehmer nach Fristablauf die Arbeit fort, gilt der Vertrag als automatisch um eine ähnliche Frist verlängert.

4.6.4 Probezeit

Aus dem reformierten Art. 53 folgt, dass eine dem Arbeitnehmer auferlegte Probezeit im Arbeitsvertrag ausdrücklich anzugeben ist. Die Probezeit darf nun maximal 180 Tage betragen. Jede Partei hat ein Kündigungsrecht während der Probezeit.

Unter dem bislang gültigen Labour Law waren die Feiertage Eid Al Fitr und Eid Al Adha sowie Krankheitsurlaube von der Probezeitberechnung ausgenommen. Dieser spezielle Ausschluss ist in der Neufassung nicht mehr enthalten und die Einzelheiten sind nunmehr den Ausführungsbestimmungen zum Labour Law vorbehalten.

4.7 Rechte und Pflichten im Arbeitsverhältnis

4.7.1 Rechte des Arbeitnehmers

4.7.1.1 Vergütung

Der Mindestlohn für saudische Staatsangehörige im Privatsektor beträgt derzeit 4000 SAR. Im öffentlichen Sektor beläuft sich der monatliche Mindestlohn momentan auf 3000 SAR.

Die Fälligkeit der Lohnzahlung richtet sich nach den Vertragsvereinbarungen. Arbeitgeber zahlen Gehälter in lokaler Währung auf die Konten der Arbeitnehmer bei akkreditierten Banken im Königreich. Einige Unternehmen können von dieser Regelung ausgenommen werden (Art. 90 Abs. 2).

Infolge der Reform aus August 2024 müssen Arbeitgeber Arbeitnehmern entweder eine Unterkunft und Transportmittel (sog. accomodation and transportation) zur Verfügung stellen oder ihnen als Teil ihres Beschäftigungspakets gleichwertige Zulagen gewähren.

Bonuszahlungen sind zwar verbreitet, aber gesetzlich nicht zwingend vorgeschrieben.

4.7.1.2 Arbeits- und Ruhezeiten

Arbeitnehmer haben Anspruch auf zwei Ruhetage pro Woche bei voller Bezahlung, von denen grundsätzlich ein Ruhetag Freitag sein soll (Art. 104). Die Standardarbeitszeit soll acht Stunden pro Tag (bei Rückgriff auf das Tageskriterium) und 48 h pro Woche (bei Rückgriff auf das Wochenkriterium) nicht übersteigen. Die Arbeitszeit kann abhängig vom Arbeitssektor auf sieben Stunden

4.7 Rechte und Pflichten im Arbeitsverhältnis

gekürzt oder auf neun Stunden angehoben werden (Art. 99). Die tägliche Höchstarbeitszeit beträgt 12 h (Art. 101). Während des Ramadans sind die Arbeitszeiten für Muslime auf sechs Stunden pro Tag oder 36 h wöchentlich reduziert (Art. 98).

Arbeitnehmer haben täglich einen Anspruch auf Pausen und dürfen nicht länger als fünf ununterbrochene Stunden ohne Pause arbeiten (Art. 101).

4.7.1.3 Überstunden

Grundsätzlich sind Überstunden zulässig (Art. 107). Nach dem neuen Art. 107 muss für Überstunden ein Zuschlag in Höhe des Stundenlohns zuzüglich 50 % des Grundlohns gezahlt werden. Mit Zustimmung des Arbeitnehmers können stattdessen aber bezahlte Urlaubstage gewährt werden.

Wird der Betrieb auf der Grundlage einer Wochenarbeitszeit geführt, so gelten die Stunden, die über die als Kriterium herangezogene Stundenanzahl hinausgehen, als Überstunden.

Alle Arbeitsstunden, die an Feiertagen und Festen (Eid) geleistet werden, gelten als Überstunden.

4.7.1.4 Feiertage

Arbeitgeber müssen bezahlten Urlaub an offiziellen Feiertagen gewähren, wobei folgende gesetzliche Feiertage gelten:

- Founding Day (22.02.)
- Saudi National Day – Nationalfeiertag (23.09.)

Daneben gelten muslimische Feiertage, deren Daten (bzw. Beginn und Dauer) in Abhängigkeit vom Mondkalender bekannt gegeben werden:

- Eid Al Fitr (am Ende des Ramadans) – regelmäßig vier Tage
- Eid Al Adha (Opferfest) – regelmäßig vier Tage

4.7.1.5 Urlaubsanspruch

Jeder Arbeitnehmer hat jährlich Anspruch auf bezahlten Urlaub von mindestens 21 Tagen, der auf mindestens 30 Tage verlängert wird, wenn der Arbeitnehmer fünf aufeinanderfolgende Jahre im Dienst des Arbeitgebers verbracht hat (Art. 109). Zudem besteht ein Anspruch auf bezahlten Urlaub an Feiertagen und zu Anlässen, die per Verordnung festgelegt werden.

Der Arbeitnehmer ist verpflichtet, seinen (bezahlten) Jahresurlaub in dem betreffenden Jahr zu nehmen (Art. 109 Abs. 2) und darf ihn grundsätzlich nicht übertragen oder sich während des Arbeitsverhältnisses finanziell abgelten lassen. Der Arbeitgeber kann die genauen Daten für den Urlaub je nach Arbeitsanforderungen festlegen, muss dem Arbeitnehmer den Termin aber mindestens 30 Tage im Voraus mitteilen (Art. 109 Abs. 2). Der Arbeitnehmer kann mit Zustimmung des Arbeitgebers seinen Jahresurlaub oder einzelne Urlaubstage auf das folgende Jahr übertragen (Art. 110). Der Arbeitgeber ist berechtigt, den Urlaub des Arbeitnehmers nach Ablauf des Jahres, in dem er gemäß Art. 110 Abs. 2 fällig wird, um höchstens 90 Tage zu verschieben, wenn die Arbeitsumstände dies erfordern.

Unter gewissen Kriterien besteht ein Anspruch auf bezahlten Urlaub für die Pilgerfahrt Hajj (Art. 114).

Arbeitnehmer dürfen während des Urlaubs nicht für einen anderen Arbeitgeber arbeiten (Art. 118). Bei Verstößen kann der Lohn für die Urlaubszeit entzogen und gezahlter Lohn einbehalten werden.

Der reformierte Art. 113 hat zudem einen neuen dreitägigen, bezahlten Sonderurlaub bei Tod eines Geschwisters des Arbeitnehmers eingeführt. Ein fünftägiger Sonderurlaub gilt bei Tod eines Ehegatten oder Vor- oder Nachfahren. Ein männlicher Arbeitnehmer hat Anspruch auf drei Tage Vaterschaftsurlaub, der innerhalb von sieben Tagen nach Entbindung zu nehmen ist.

4.7.2 Leistungen bei Krankheit oder Arbeitsunfällen

Arbeitnehmer haben Anspruch auf maximal 120 Tage gesetzlichen Krankenurlaub innerhalb eines Jahreszeitraums (Art. 117). Dieser Zeitraum wird auf rollender Basis ab dem ersten Tag krankheitsbedingter Abwesenheit berechnet, und das Mindestkrankengeld wird für die ersten 30 Abwesenheitstage in voller Höhe gezahlt. Während die nächsten 60 Tage mit 75 % des vollen Gehalts vergütet werden müssen, wird für die letzten 30 Tage des Krankenurlaubs kein Gehalt gezahlt. Krankentage müssen durch ein ärztliches Attest bestätigt werden. Während der Probezeit genommener Krankenurlaub führt dazu, dass die Probezeit um die Anzahl genommener Krankheitstage verlängert wird (Art. 53).

4.7.3 Antidiskriminierung am Arbeitsplatz

Nach Art. 3 besteht ein allgemeines Recht der Bürger auf Arbeit ohne Diskriminierung aufgrund des Geschlechts, einer Behinderung, des Alters oder einer anderen Form der Diskriminierung. Arbeitgeber haben dieses Recht zu wahren.

4.7 Rechte und Pflichten im Arbeitsverhältnis

Zudem wurde jüngst Saudi Arabia Cabinet Decision No. 416/1444 Approving the National Policy to Encourage Equal Opportunities and Equal Treatment in Employment and Occupation in the Kingdom verabschiedet. Inhalt ist eine nationale Leitlinie zur Förderung der Chancengleichheit und Gleichbehandlung der Beschäftigung im Privatsektor und im öffentlichen Sektor.

4.7.4 Mutterschutz

Der neu reformierte Art. 151 gewährt Arbeitnehmerinnen einen Anspruch auf einen voll bezahlten Mutterschaftsurlaub von 12 Wochen (bisher 10 Wochen), wovon sechs Wochen nach der Entbindung obligatorisch sind und die restlichen sechs Wochen nach Wahl der Arbeitnehmerin aufgeteilt werden können. Der Urlaub kann vier Wochen vor dem voraussichtlichen Entbindungstermin beginnen, der durch ein von einer Gesundheitsbehörde ausgestelltes ärztliches Attest festgestellt wird. Beträgt die verbleibende Urlaubsdauer aufgrund einer Verzögerung des Entbindungstermins weniger als sechs Wochen, gilt der zusätzlich benötigte Zeitraum als unbezahlter Urlaub. Die Arbeitnehmerin hat das Recht, den Urlaub um einen Monat ohne Bezahlung zu verlängern.

Im Falle der Geburt eines kranken Kindes oder eines Kindes mit besonderen Bedürfnissen, dessen Gesundheitszustand eine ständige Begleitperson erfordert, hat die Arbeitnehmerin ab dem Ende des Mutterschaftsurlaubs Anspruch auf einmonatigen Urlaub bei voller Bezahlung, der um einen weiteren Monat als unbezahlter Urlaub verlängert werden kann.

4.7.5 Schutz von Menschen mit Behinderung

Art. 27 Basic Law of Governance garantiert das Recht des Bürgers und seiner Familie u. a. bei Behinderung. Nach Art. 28 Labour Law müssen Unternehmen mit 25 oder mehr Beschäftigten mindestens 4 % ihrer Gesamtbelegschaft mit beruflich qualifizierten Menschen mit Behinderungen besetzen, wenn die Art der Tätigkeit eine solche Einstellung von Menschen mit Behinderungen, die eine Berufsausbildung erhalten haben, zulässt.

Zudem gewähren Royal Decree No. M27/1445 v. 27.08.2023 und Saudi Arabia Cabinet Decision No. 110/1445 on the Approval of the Law on the Rights of Persons with Disabilities v. 23.08.2023 Menschen mit Behinderungen gleichberechtigten Zugang zu verschiedenen Dienstleistungen einschließlich

Beschäftigungsmöglichkeiten. Art. 10 normiert das Recht behinderter Menschen auf Arbeit und Beschäftigung ohne Diskriminierung.

4.7.6 Mindestalter und Schutz von jungen Arbeitnehmern

Gemäß Art. 8 Saudi Arabia Royal Decree No. M14/1436 Child Protection Law v. 25.11.2014 ist es verboten, ein Kind vor Vollendung des 15. Lebensjahres zu beschäftigen und ihm Aufgaben zuzuweisen, die seine Sicherheit oder seine körperliche oder geistige Gesundheit beeinträchtigen können, oder es bei militärischen Arbeiten oder bewaffneten Konflikten einzusetzen.

Zudem dürfen nach Art. 161 ff. Labour Law Minderjährige nicht in gefährlichen Berufen oder schädlichen Industrien oder dort beschäftigt werden, wo ihre Gesundheit, Sicherheit oder Moral aufgrund der Tätigkeitsart oder der -bedingungen gefährdet werden können. Jugendliche unter 15 Jahren dürfen grundsätzlich nicht beschäftigt werden (Art. 162). In Bezug auf die Einstellung und die zulässigen Arbeitszeiten von Jugendlichen sind Sondervorschriften zu beachten (Art. 163 ff.).

4.7.7 Besonderheiten für ausländische Mitarbeiter

Das Labour Law unterscheidet zwischen Regeln für saudische Arbeitnehmer und Regeln für ausländische Arbeitnehmer. Arbeitgeber müssen sich mit den unterschiedlichen Regelungen vertraut machen, um Strafen (Saudi Arabia Ministerial Decision No. 75913/1445 Approving the New Table of Violations of the Labour Law, and the Penalties to be Imposed Thereon v. 27.10.2023) und eine Störung des Geschäftsbetriebs zu vermeiden.

Art. 32 bis 41 regeln die Beschäftigung von ausländischen Mitarbeitern. Die Rekrutierung von Arbeitnehmern von außerhalb Saudi-Arabiens darf nur mit Genehmigung des MHRSD erfolgen (Art. 32). Ausländer benötigen für eine Beschäftigung eine Arbeitserlaubnis, die nur unter bestimmten Bedingungen erteilt wird (legale Einreise, akademische bzw. berufliche Kompetenz, Vorliegen eines Arbeitsvertrages, Art. 33). Ministeriell können bestimmte Berufe oder Tätigkeiten festgelegt werden, die von Ausländern nicht ausgeübt werden dürfen (Art. 36). Der Arbeitgeber hat u. a. die Kosten für die Arbeits- und Aufenthaltserlaubnis und den Rückflug ins Heimatland zu tragen (Art. 40). Art. 37 enthält Sondervorschriften für Arbeitsverträge mit ausländischen Arbeitnehmern.

4.7 Rechte und Pflichten im Arbeitsverhältnis

Für ausländische Arbeitnehmer fallen Zusatzkosten an, bspw. die sog. monatliche Dependent Fee in Höhe von 400 SAR (ca. 100 EUR) für jeden unter der Aufenthaltsgenehmigung eines Ausländers geführten Angehörigen.

4.7.8 Saudisierung (Sog. Nitaqat-Programm)

Saudisierung bezeichnet eine politische Initiative zur Schaffung von Beschäftigungsmöglichkeiten für saudische Staatsangehörige. In 2011 wurde durch das Nitaqat-Programm der Grundstein für das aktuelle Saudisierungsprogramm gelegt. Eingeführt wurden Saudisierungsquoten, die die Anzahl der zu beschäftigenden saudischen Mitarbeiter in einem Unternehmen bestimmen und an die Geschäftstätigkeit und Größe des Arbeitgebers anknüpfen. In 2021 wurde eine überarbeitete Version des Nitaqat-Programms verkündet. Aktuelle Rechtsgrundlage ist Ministerial Resolution No. 182495 v. 23.05.2021.

Zuständig für die Bestimmung der Quote ist das MHRSD. Nach dem erweiterten Nitaqat-Programm müssen Arbeitgeber über drei Jahre eine steigende Anzahl saudischer Staatsangehöriger beschäftigen. Quoten sind für Wirtschaftszweige und für Nitaqat-Stufen vorgeschrieben. Es gilt eine farbcodierte Klassifizierung von Unternehmen je nach Grad der Einstellung saudischer Staatsangehöriger. Je nach Klassifizierung werden visumsrechtliche Privilegien zur Anstellung von Ausländern gewährt.

Das zuletzt reformierte Labour Law normiert u. a. die Folgen einer Nichtbeachtung der Saudisierungskriterien. Nach Art. 35 kann das MHRSD die Verlängerung einer Arbeitserlaubnis verweigern, wenn der Arbeitgeber gegen die ministeriell festgelegten Saudisierungskriterien bzw. gegen andere in den Verordnungen festgelegten Bedingungen oder Vorschriften verstößt. Geregelt wird auch die Möglichkeit, die Dienste des Arbeitnehmers ohne Zustimmung des Arbeitgebers, der u. a. gegen die Saudisierungsvorgaben verstößt, auf einen anderen Arbeitgeber zu übertragen.

Nach dem neuen Art. 42 müssen Arbeitgeber Leitlinien zur Ausbildung und Qualifizierung saudischer Arbeitnehmer entwickeln, um deren Fähigkeiten zu verbessern und ihr Niveau in technischen, administrativen, beruflichen und anderen Tätigkeiten zu erhöhen. In den Ausführungsbestimmungen sollen detailliertere Bestimmungen festgelegt werden. Der zuständige Minister wird befugt, einen bestimmten Prozentsatz der saudischen Arbeitnehmer festzulegen, die ein Arbeitgeber ausbilden und qualifizieren muss (Art. 43).

> **Tipp**
> Die Saudisierungsquoten werden kontinuierlich verschärft, bspw. im Juli 2024 für Unternehmen der Privatwirtschaft, die fünf oder mehr zertifizierte Ingenieure beschäftigen (statt 20 % nun 25 %). Zusätzlich zum Nitaqat-System wird eine zunehmende Anzahl von Positionen saudischen Staatsangehörigen vorbehalten.

4.7.9 Sozialversicherungsrechtliche Aspekte

Für saudische Arbeitnehmer besteht eine allgemeine Sozialversicherungspflicht. Zuständige Behörde ist die General Organization for Social Insurance (GOSI).

Sozialversicherungsbeiträge werden monatlich basierend auf dem monatlichen Grundgehalt (sog. Basic Salary) zuzüglich der bezahlten oder in Naturalien geleisteten Unterkunft gezahlt, wobei derzeit eine Obergrenze von 45.000 SAR (ca. 11.250 EUR) gilt. Für saudische Arbeitnehmer beträgt der Satz insgesamt 21,5 %. Arbeitnehmer tragen 9,75 % (aufgeteilt in 9 % Sozialversicherung + 0,75 % Arbeitslosenversicherung) und Arbeitgeber tragen 11,75 % (aufgeteilt in 9 % Sozialversicherung + 2 % Berufsrisikoversicherung + 0,75 % Arbeitslosenversicherung). Saudische Arbeitnehmer, die in GOSI einzahlen, haben u. a. einen Rentenanspruch nach Erreichen des 60. Lebensjahres.

Für ausländische Arbeitnehmer müssen Arbeitgeber nur 2 % Berufsrisikoversicherung entrichten. Mangels Beitragszahlung haben Ausländer keinen Rentenanspruch.

Saudische Arbeitnehmer im Privatsektor müssen eine Arbeitslosenversicherung (SANED) abschließen nach Unemployment Insurance Law (Royal Decree No. M18/1435 und Saudi Arabia Cabinet Decision No. 81/1435 on the Approval of the Unemployment Insurance Law v. 06.01.2014).

4.8 Beendigung des Arbeitsverhältnisses

Das Labour Law enthält umfassende Vorgaben zur Beendigung des Arbeitsverhältnisses.

4.8.1 Grundlagen

Das im August 2024 reformierte Labour Law enthält Änderungen der Kündigungsvorschriften. Nach dem neuen Art. 74 endet ein Arbeitsverhältnis:

- Wenn beide Parteien die Vertragsbeendigung vereinbaren und der Arbeitnehmer schriftlich zustimmt;
- Wenn die Vertragsdauer abläuft, es sei denn, der Vertrag wurde gemäß dem Labour Law ausdrücklich verlängert;
- Bei unbefristeten Verträgen steht es im Ermessen einer der Parteien, den Vertrag gemäß Art. 75 Labour Law zu kündigen;
- Bei Rücktritt des Arbeitnehmers;
- Wenn der Arbeitnehmer das Rentenalter gemäß Social Insurance Law erreicht, es sei denn, die Parteien vereinbaren eine Weiterbeschäftigung nach diesem Alter;
- Bei höherer Gewalt;
- Bei endgültiger Schließung des Unternehmens;
- Bei Beendigung des Geschäftszweigs, für den der Arbeitnehmer eingestellt wurde, es sei denn, es wurde etwas anderes vereinbart;
- Bei Erlass einer gerichtlichen Entscheidung oder eines rechtskräftigen Urteils zur Beendigung des Arbeitsvertrages im Rahmen eines Insolvenzverfahrens nach dem Bankruptcy Law;
- In jedem anderen gesetzlich geregelten Fall.

Der neue Art. 79 Labour Law regelt erstmals die sog. „Resignation" des Arbeitnehmers, d. h. die schriftliche Erklärung des Arbeitnehmers, die nicht unter Zwang erfolgt und in der er seinen Wunsch äußert, einen *befristeten* Arbeitsvertrag bedingungslos zu kündigen, und die vom Arbeitgeber akzeptiert wird. Sie gilt im Grundsatz als angenommen, wenn 30 Tage ohne Rückmeldung des Arbeitgebers vergehen (Art. 79). Ein Arbeitnehmer, der den Arbeitsvertrag kündigt, hat Anspruch auf alle im Labour Law vorgesehenen Rechte.

Bei unbefristeten Verträgen reduziert der neue Art. 75 die Kündigungsfrist für Arbeitnehmer. Im Fall eines unbefristeten Vertrages mit monatlicher Lohnzahlung kann jede Partei den Vertrag aus einem triftigen Grund wie folgt kündigen:

- Der Arbeitnehmer muss den Arbeitgeber mindestens 30 Tage vor dem Kündigungstermin schriftlich von seiner Kündigung in Kenntnis setzen;
- Der Arbeitgeber muss den Arbeitnehmer mindestens 60 Tage vor dem Kündigungsdatum schriftlich von seiner Kündigung in Kenntnis setzen.

Wird der Lohn bei unbefristetem Vertrag nicht monatlich gezahlt, muss die kündigende Partei die andere Partei mindestens 30 Tage vor dem Kündigungstermin schriftlich informieren.

Der Arbeitgeber darf den Arbeitsvertrag nur unter bestimmten Voraussetzungen kündigen (Art. 80). Er darf den Vertrag nicht ohne Vorankündigung, ohne Entschädigung und ohne Gelegenheit zur Stellungnahme kündigen. Abweichendes gilt in gewissen gesetzlich normierten Sonderfällen (insbesondere Fälle des Fehlverhaltens des Arbeitnehmers).

Nach dem reformierten Art. 72 kann ein Arbeitnehmer innerhalb von 30 Tagen intern Beschwerde gegen eine durch den Arbeitgeber verhängte schriftlich mitgeteilte Disziplinarstrafe einlegen. Lehnt der Arbeitgeber diese Beschwerde ab oder trifft er innerhalb von 15 Tagen nach deren Eingang keine Entscheidung in der Sache, kann der Arbeitnehmer innerhalb von 30 Tagen ab Ablehnung oder nach Ablauf der festgelegten Frist, je nachdem, was zuerst eintritt, beim Arbeitsgericht Klage einreichen.

4.8.2 Ansprüche bei Beendigung des Arbeitsverhältnisses

Bei unrechtmäßiger Beendigung eines Arbeitsverhältnisses ist der Arbeitgeber gesetzlich verpflichtet, sofern keine diesbezüglichen Vertragsvorgaben bestehen, eine Abfindung zu zahlen (Art. 77). Die Höhe des gesetzlichen Abfindungsanspruchs bemisst sich nach den folgenden Kriterien:

- Verträge mit unbestimmter Laufzeit: Betrag in Höhe des Lohns für 15 Tage pro Dienstjahr des Arbeitnehmers;
- Befristete Verträge: Der Lohn für die verbleibende Vertragslaufzeit;
- Die vorgenannte Entschädigung darf nicht niedriger sein als der Lohn des Arbeitnehmers für einen Zeitraum von zwei Monaten.

Zudem kann dem Arbeitnehmer bei unrechtmäßiger Vertragsbeendigung durch den Arbeitgeber ein Schadensersatzanspruch zustehen. Hat eine Partei, die einen unbefristeten Arbeitsvertrag kündigt, die Frist des Art. 75 nicht berücksichtigt, muss sie der anderen Partei einen Betrag zahlen, der dem Lohn für die Dauer der Kündigungsfrist entspricht, es sei denn, beide Parteien vereinbaren eine höhere Entschädigung (Art. 76).

Daneben hat der Arbeitnehmer bei arbeitgeberseitiger Kündigung während der Kündigungsfrist einen sog. voll bezahlten Freistellungsanspruch von einem ganzen Tag pro Woche bzw. acht Stunden pro Woche (Art. 78). Der Arbeitgeber kann den Arbeitnehmer während der Kündigungsfrist von der Arbeit freistellen, wobei dies keine Auswirkung auf die Beschäftigungsdauer und die Rechte des Arbeitnehmers hat (Art. 78 S. 3).

Bei Beendigung des Arbeitsverhältnisses hat der Arbeitgeber dem Arbeitnehmer einen sog. End-of-Service-Award in folgender Höhe zu zahlen (Art. 84):

- Ein halbes Monatsgehalt für jedes Jahr der ersten fünf Beschäftigungsjahre;
- Ein ganzes Monatsgehalt für jedes weitere Jahr.

Berücksichtigt wird der letzte Lohn des Arbeitnehmers und anteilige Leistungen werden für teilweise abgeleistete Jahreszeiträume gewährt. Art. 85 normiert gekürzte Beträge für den Fall der arbeitnehmerseitigen Kündigung. Nach Art. 87 wird der volle End-of-Service-Award fällig, wenn die Beendigung des Arbeitsverhältnisses auf sog. force majeure zurückzuführen ist oder wenn eine weibliche Arbeitnehmerin innerhalb eines bestimmten Zeitraums nach der Hochzeit oder Geburt eines Kindes kündigt. Die Zahlung muss innerhalb einer Woche nach Beendigung des Arbeitsverhältnisses oder innerhalb von zwei Wochen nach Beendigung durch den Arbeitnehmer erfolgen (Art. 88).

4.9 Sonderwirtschaftszonen

Die Sonderwirtschaftszonen (SEZ) werben mit arbeitsrechtlichen Erleichterungen. Die für die Riyadh Integrated Special Logistics Zone zuständige General Authority of Civil Aviation (GACA) hat sog. Integrated Logistics Bonded Zone Employment Regulations verabschiedet. Auch die übrigen SEZ sollen gesonderten Regelwerken unterworfen werden und die ECZA hat u. a. sog. Draft Labour Regulations zum öffentlichen Diskurs vorgelegt.

Fazit und Ausblick 5

Saudi-Arabien hat mit der Vision 2030 ein wegweisendes Reformpaket beschlossen, das zur weiteren Modernisierung des Königreichs und einer nachhaltigen Diversifizierung der Wirtschaft beitragen wird. Die Umsetzung der Vision 2030 wird durch eine Vielzahl von Akteuren äußerst zielgerichtet vorangetrieben. Die Anzahl bereits vollständig umgesetzter Initiativen ist beeindruckend. Auch wird zunehmend deutlich, dass für 2030 vorgesehene Kennzahlen frühzeitig erreicht werden.

Die saudische Rechtsordnung umfassend darzustellen, sprengt den Umfang dieses Werkes. Unser Anliegen als Autoren war, einen aktuellen Überblick über für ausländische Investoren wichtige Rechtsbereiche zu gewähren. Dabei wollten wir vermitteln, dass die saudische Rechtsordnung in wirtschaftsrechtlicher Hinsicht moderne Rahmenwerke zur Verfügung stellt, die in vielen Aspekten kontinentaleuropäischen Unternehmen bekannte Strukturen aufweisen. Beispielhaft genannt seien das saudische Gesellschaftsrecht und das Arbeitsrecht. Wichtig ist gleichwohl auch, saudische Besonderheiten im Blick zu haben. Zu denken ist etwa an die Saudisierungsquoten des Arbeitsrechts und die Besonderheiten des Nebeneinanders von Körperschaftsteuer und Zakat im Kontext der direkten Besteuerung von Unternehmen.

Es ist spannend, die gegenwärtige Transformation Saudi-Arabiens zu beobachten. Das Land ist schon heute für ausländische Investoren ein attraktiver Investitionsstandort, der zunehmend umfassende Anreize für geschäftliches Tätigwerden vor Ort bietet. Ausländische Investoren sind gut beraten, sich über die offiziellen Kanäle über Investitionsmöglichkeiten und -bedingungen zu informieren und von lokalen Netzwerken, etwa der AHK, Gebrauch zu machen. Auf diesem Wege können auch etwaige bestehende Vorbehalte aufgelöst und Investitionschancen identifiziert werden. Insofern gilt, dass sich auch ein Besuch vor Ort zum Aufbau von Netzwerken empfiehlt – immerhin ist Saudi-Arabien von Mitteleuropa aus in nur rund sechs Flugstunden erreichbar. Auch eine Lektüre der Vision 2030 ist zu empfehlen, um einen Eindruck von den gegenwärtigen Umwälzungsprozessen zu erlangen. Interessierten Investoren und bereits vor Ort tätigen Unternehmen wünschen wir gegenwärtig und künftig erfolgreiche Unternehmungen.

Was Sie aus diesem *essential* mitnehmen können

- Grundverständnis über die investitionsrechtlichen Rahmenbedingungen in Saudi-Arabien
- Sensibilisierung für gesellschafts-, steuer- und arbeitsrechtliche Kernthemen

The manufacturer's authorised representative in the EU is Springer Nature Customer Service Centre GmbH, Europaplatz 3, 69115 Heidelberg, Germany. If you have any concerns regarding our products, please contact ProductSafety@springernature.com

Printed and bound by CPI Group (UK) Ltd, Croydon, CR0 4YY

23/03/2026

02076400-0006